上海国际金融与经济研究院资助出版

金融市场信息效率
测度理论与应用

孙西明　　王明涛　著

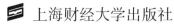

上海财经大学出版社

图书在版编目(CIP)数据

金融市场信息效率测度理论与应用/孙西明,王明涛著. —上海:上海财经大学出版社,2023.5
ISBN 978-7-5642-4169-8/F • 4169

Ⅰ.①金… Ⅱ.①孙…②王… Ⅲ.①金融市场-市场信息-研究-中国 Ⅳ.①F832.5

中国国家版本馆 CIP 数据核字(2023)第 067976 号

□ 策划编辑 刘光本
□ 责任编辑 林佳依
□ 封面设计 贺加贝

金融市场信息效率测度理论与应用

孙西明 王明涛 著

上海财经大学出版社出版发行
(上海市中山北一路 369 号 邮编 200083)
网 址:http://www.sufep.com
电子邮箱:webmaster @ sufep.com
全国新华书店经销
上海叶大印务发展有限公司印刷装订
2023 年 5 月第 1 版 2023 年 5 月第 1 次印刷

710mm×1000mm 1/16 11 印张(插页:2) 191 千字
定价:69.00 元

序　言

自改革开放以来,中国经济持续高速增长,取得了骄人业绩,并一举成为全球第二大经济体。在此过程中,自 1990 年上海证券交易所成立以来,经过三十多年的迅猛发展,中国证券市场已成为全球第二大证券交易市场。在经济高速发展的过程中,也遇到了各种各样的问题,如企业单位产值能耗过大、投入产出效益不高、经济发展所面临的资源约束日益趋紧等,因此,要维持中国经济长期可持续发展,必须推动经济由高速增长向高质量发展的转变。与此相伴,中国证券市场仍属于新兴市场,市场效率偏低。与西方发达金融市场相比,中国股市存在较为严重的"同涨同跌"现象。因此,如何提高中国证券市场效率,实现中国证券市场由大到强的发展,是中国市场管理者及学术界关心的重要问题。

有效市场理论认为,如果资产价格能够充分反映所有可以获得的信息,那么,这样的市场就是有效市场。证券市场是否有效主要体现在资产价格对信息的反映程度上,市场有效性的本质就是市场信息效率。

研究市场信息效率,必须研究市场信息效率的测度,而市场信息效率的测度是以对市场信息效率的认识为基础的;对市场信息效率的认识不同,其测度、理论分析及应用的方法也不同,提高市场信息效率的效果也不同。半个多世纪以来,人们对市场信息效率及其测度进行了大量研究,目前在金融学领域最常用的市场信息效率测度指标是 R^2(资本资产定价回归方程的拟合优度)和股价非同步性。随着研究的深入,人们发现常用的市场信息效率测度指标存在一些不可回避的重大缺陷,如该指标与公司特质信息之间存在 U 形、倒 U 形、负相关等多种复杂关系,使得实证研究得不到一致(甚至是相互矛盾)的结论,导致在某些情况下这些指标对市场信息效率度量的失效。为了克服现有理论的不足,理论界进行了广泛的研究,提出了包括 PIN(VPIN)、机构持股(比例)、上市公司信息披露质量及分析师盈利预测偏差等方法,这些方法对市场信息效率的刻度并不精细和全面,仅反映了市场信息效率的某一个或几个侧面;另外,也没

有系统探讨 R^2 和股价非同步性测度市场信息效率失效的深层次原因。到目前为止,如何有效测度市场信息效率尚没有得到圆满解决。

本书从市场信息效率本质属性出发,在对现有市场信息效率的概念与测度理论进行全面系统分析的基础上,提出了市场信息效率的新定义。以此为出发点,分别从理论上研究了金融市场对信息的反应方式及信息与噪声的负相关关系。首次从理论上系统研究了股价非同步性与公司特质信息之间的关系,找到了股价非同步性测度市场信息效率失效的深层次原因,明确了股价非同步性可以有效测度市场信息效率的条件。之后,提出了测度市场信息效率的新指标,并从理论上证明了该指标测度市场信息效率的有效性。最后,用上海、深圳证券交易所的历史数据系统研究了中国证券市场信息效率,有力支持了理论研究的结论。

本书是一部理论性较强的著作,是对现阶段市场信息效率测度理论分析与应用中存在问题的探索性研究,具有较大的创新性。相信它对人们更深刻地认识市场信息效率的本质,对进一步提高市场信息效率测度的科学性、提高市场信息效率的效果有所帮助,是值得对市场信息效率进行深入研究的学界同仁一读的一部著作。

本书是在笔者的博士生孙西明的博士论文的基础上补充、修改、完善而成的。全书共九章,第一、二、三、九章由王明涛完成,第五、八章由孙西明完成,第四、六、七章由王明涛、孙西明共同完成。全书由王明涛统筹。

上海国际金融与经济研究院为本书的出版提供了全部资助,在此表示感谢。

王明涛

2023 年 5 月

目　录

1　绪论/001

　1.1　研究背景与问题提出/001

　　1.1.1　研究背景/001

　　1.1.2　研究问题提出/005

　1.2　研究目标、内容与方法/007

　　1.2.1　研究目标/007

　　1.2.2　研究内容/007

　　1.2.3　运用的基本理论及方法/008

　1.3　本书的创新及特色/009

　1.4　本书框架/011

2　市场信息效率的基本概念研究/014

　2.1　引言/014

　2.2　信息的基本概念与传导过程/014

　　2.2.1　信息的基本含义/014

　　2.2.2　信息的分类/015

　　2.2.3　信息的特征/016

　　2.2.4　噪声的基本含义与特征/016

　　2.2.5　金融市场中的交易者及其特点/017

　　2.2.6　金融市场信息的传导过程/018

　2.3　市场信息效率的相关理论/019

　　2.3.1　有效市场假说理论/019

2.3.2 行为金融学理论/021

2.3.3 信息不对称理论/023

2.3.4 信息传递理论/024

2.4 市场信息效率基本概念研究/025

2.4.1 市场信息效率概念的综述与评价/025

2.4.2 市场信息效率的本质属性与定义/029

2.5 市场信息效率的主要影响因素研究/030

2.6 本章小结/030

3 市场信息效率测度理论与应用评价/031

3.1 引言/031

3.2 市场信息效率测度理论方法及评价/031

3.2.1 市场信息效率测度:信息反映类指标/032

3.2.2 市场信息效率测度:信息传递类指标/035

3.2.3 市场信息效率测度:信息披露类指标/038

3.3 市场信息效率测度理论应用现状分析与评价/040

3.3.1 股价同步性(R^2)的提出与市场信息效率的测度/040

3.3.2 R^2 的影响因素研究/041

3.3.3 R^2 的应用研究/043

3.3.4 R^2 测度市场信息效率的有效性研究/044

3.3.5 特质波动率的应用研究/048

3.3.6 PIN/VPIN 的应用研究/049

3.4 本章小结/051

4 市场对单信息的反应方式:信息与其市场贡献度/052

4.1 引言/052

4.2 市场交易模型/053

4.2.1 金融市场设定/053

4.2.2 市场信息冲击/055

4.2.3 市场均衡价格/056

4.3 信息市场贡献度:市场对单信息的反应程度/060

4.4 信息市场贡献度影响因素研究/061

4.4.1 信息公开程度与信息市场贡献度/064

4.4.2 交易者有限理性与信息市场贡献度/066

4.4.3 信息预测精度与信息市场贡献度/068

4.4.4 信噪关系与信息市场贡献度/070

4.5 本章小结/074

5 市场对多信息的反应方式:信息与其累积市场贡献度/076

5.1 引言/076

5.2 信息累积市场贡献度:市场对多信息的反应程度/076

5.3 信息累积市场贡献度影响因素研究/078

5.3.1 市场信息量与信息累积市场贡献度/078

5.3.2 交易者有限理性与信息累积市场贡献度/079

5.3.3 信息预测精度与信息累积市场贡献度/080

5.3.4 信噪关系与信息累积市场贡献度/081

5.4 本章小结/083

6 市场信息效率测度指标(股价非同步性)有效性分析/085

6.1 引言/085

6.2 特质信息与其股价非同步性贡献/086

6.3 特质信息的市场反应方式/087

6.3.1 特质信息与其股价非同步性贡献的一般关系/087

6.3.2 特质信息与其股价非同步性贡献的典型关系/088

6.4 特质信息与噪声关系的关系模式/090

6.4.1 特质信息与噪声的一般关系/091

6.4.2 特质信息与噪声的典型关系/091

6.5 特质信息与股价非同步性/093

6.5.1 信息主导市场下的特质信息与股价非同步性关系/094

6.5.2 噪声主导市场下的特质信息与股价非同步性关系/096

6.5.3 特质信息与噪声均非主导市场下的特质信息与股价非同步性
关系/098

6.5.4 特质信息与噪声相互独立时特质信息与股价非同步性的关系/099

6.6 本章小结/100

7 市场信息效率测度新指标：股价非同步性贡献率/102

7.1 引言/102

7.2 股价非同步性贡献率：市场信息效率测度新指标/102

7.3 特质信息与股价非同步性贡献率的关系/103

7.4 本章小结/105

8 中国证券市场信息效率实证研究/106

8.1 引言/106

8.2 理论分析与研究假设/107

8.2.1 股价非同步性与公司特质信息的关系/107

8.2.2 不同市场环境下股价非同步性驱动因素影响分析/108

8.2.3 不同市场板块中股价非同步性驱动因素影响差异分析/110

8.2.4 公司特质信息与其股价非同步性贡献率/111

8.3 变量说明及模型构建/111

8.3.1 变量说明与构建/111

8.3.2 模型构建/117

8.4 实证结果与分析/118

8.4.1 数据样本/118

8.4.2 实证结果与分析/120

8.4.3 稳健性检验/130

8.5 本章小结/133

9　总结与展望/135

　　9.1　本书的主要内容及创新/135

　　　　9.1.1　金融市场信息效率的概念、测度理论与应用的综述及评价/135

　　　　9.1.2　金融市场对信息反应方式的研究/136

　　　　9.1.3　首次系统研究了股价非同步性与公司特质信息之间的关系/137

　　　　9.1.4　提出了测度市场信息效率的新指标，并从理论上证明了该指标测度市场信息效率的有效性/138

　　　　9.1.5　系统研究了中国证券市场信息效率/138

　　9.2　主要结论/139

　　　　9.2.1　金融市场对信息反应方式方面/139

　　　　9.2.2　公司特质信息与股价非同步性及股价非同步性贡献率的关系/140

　　　　9.2.3　中国证券市场信息效率方面/140

　　9.3　研究展望/141

附录一　信息市场贡献度（G_{SINF}）与信息公开程度（π）为倒 U 形关系证明/143

附录二　信息市场贡献度（G_{SINF}）与交易者有限理性程度（φ）的关系证明/147

附录三　信息市场贡献度（G_{SINF}）与交易者信息预测精度（ρ）正相关关系证明/151

参考文献/153

1 绪 论

1.1 研究背景与问题提出

1.1.1 研究背景

信息及其市场效率一直是学术界研究的热点问题。信息是资产价格的主要驱动因素,高效的市场定价机制对资源配置效率(Wurgler,2000)、证券市场筛选机制(Chen et al.,2007)及推动技术进步和经济增长(Chun et al.,2008;Morck et al.,2013)具有重要的作用。研究信息、股价对信息的吸收方式以及与市场信息效率之间的关系,对于发挥市场功能、促进资本市场健康发展具有重要的理论及实践意义。

有效市场理论认为,市场信息效率体现在资产价格对信息的反映程度上,因此,现有文献也多是研究金融资产价格对市场信息冲击的反映,并对价格异象(反应过度、反应不足、价格反转和漂移等)进行解释。例如,彭叠峰 等(2015)从有限关注、噪声交易的角度,研究了风险资产均衡价格及期望收益对信息的反映。陈强 等(2016)从知情交易者比重与交易者预期精度的角度分析了信息引起市场价格反转的影响机理,并对价格反应不足、反应过度等现象进行了理论解释。刘维奇和郑睿(2020)从投资者对极端信息反应过度并低估市场噪声的角度解释了股票价格的反转效应。李洋 等(2020)认为,股票价格发现效率与信息披露质量正相关,与交易者理性程度负相关,完全理性交易者占信息交易者的比重越大,价格发现效率越高。刘霞 等(2021)发现,理性知情交易者仅基于私有信息进行交易,非理性知情交易者同时基于私有信息和认知偏差进行交易;在存在认知偏差的情况下,资产价格发现效率将下降。国外学者也多从价格反转、反应不足和反应过度等角度研究金融市场对信息的反应。例如,Daniel et al.(1998)研究发现股票价格对私有信息反应过度、对公共信息反应不足。Barberis et al.(1998)从投资者情绪角度解释了股价对收益公告等信息反应不足,但随着一系列消息的披露、信息强度增强,股价会反应过度。Hong and Stein(1999)研究了信息冲击如何引起市场价格短期反应不足与长期反应过度。Banerjee et al.(2018)发现,在存在投机机会的情况下,披露更多基本面信息会降低价格信息含量,进而降低整体信息效率。Illeditsch et al.(2021)发现信息惯性会导致信息动量,产生信息非效率,即均衡价格不能完全反映私有信息。

有效市场理论假设投资者完全理性,对信息的理解与反应具有一致性。然而,在现实市场中,投资者的交易行为并非总是理性的,其对市场信息的反应存在异质性,这在金融市场中常表现为对信息反应过度或反应不足。"适度反应"通常是指理性交易者按照贝叶斯法则(Bayesian Law)对所获取的信息采取一致无偏的方式做出的反应,而"过度反应"和"反应不足"则是对"适度反应"的偏离。新信息出现后,"反应过度"的投资者往往过分注重新信息的作用,忽略旧信息对未来预期的影响,从而导致对新信息过度乐观,使得资产价格大幅上涨,偏离其基本价值;随着时间的推移,投资者掌握的信息会更加完整,反应过度会缓解,资产价格进而发生反转(Daniel et al.,1998),最终回到合理价格。"反应不足"则相反,当新信息出现时,投资者并不做出充分、及时的反应,其原因可能是这些投资者一般具有保守性认知偏差(Barberis et al.,1998),不愿意改变以往的信念,对新信息的作用认识不足,或他们获得的新信息不完整,依据新信息做出的反应不能完全体现该新信息的实际价值,从而导致反应不足(Hong and Stein,1999)。而以前的研究大多假设投资者完全理性,较少研究投资者在非完全理性的情况下金融市场对信息的反应。

根据行为金融理论,交易者虽然获取的信息相同,但对信息的解读、处理能力会有所不同(Richard,2005;Tan et al.,2015),从而导致其在利用信息进行交易时的策略不尽相同,进而对价格的影响也会不同。交易者对信息解读、处理能力的不同集中反映在其对信息的认知偏差(即预测精度)上,因此,对信息预测精度的研究也受到有关学者的关注。例如,Hong et al.(2006)认为过度自信的投资者单方面盲目地提升了公开信号的精度,不利于提高市场信息效率;而Ko and Huang(2007)认为过度自信的交易者会加强信息获取,提高信息预测精度,从而提高价格信息含量,有利于提高市场信息效率;Cao and Ou-Yang (2009)探讨了公开信息不同预期精度对交易量与价格关系的影响,发现对当期和下一期公开信息预测精度的分歧会影响本期股票和期权交易;Banerjee (2011)研究了在交易者对信息精度存在认知偏差的条件下,交易者如何使用价格来更新估值;Tan et al.(2015)通过模拟实验发现可读性较差的信息容易误导投资者,但对信息解读能力比较高的那些投资者产生误导的效果较弱,这体现了信息预测精度的重要性。Illeditsch et al.(2021)发现投资者对信息预测精度低,将导致信息惯性和无效率。尽管这些研究说明信息预测精度对市场信息效率有重要影响,但结论并非一致,也没有文献研究在交易者有限理性的条件下信息预测精度对市场信息效率的影响。

在所有的相关研究中几乎都假定信息与噪声相互独立,但实际上,它们之间存在此消彼长的关系。在现实市场中,当信息获取成本较低时,投资者较容易获取信息,因而应用信息进行交易的投资者会较多,噪声较少;反之,当信息获取成本较高时,投资者较难获取信息,因而应用信息进行交易的投资者会较少,噪声较多。Lee and Liu(2011)从理论上说明了资产价格中的噪声会随着信息的增加而降低;沈勇涛和高玉森(2020)也发现信息与噪声之间存在负相关关系。在相关文献中,很少涉及当市场中的信息与噪声存在负相关关系时,市场如何对信息做出反应、信息效率受到何种影响的研究。

以上相关研究的基础是对市场信息效率的测度,目前广泛采用的指标是股价非同步性(如 Morck et al.,2000;何贤杰 等,2018)。这些研究普遍认为,较低的股价非同步性(即较高的股价同步性)意味着公司特质信息较少被纳入资产价格中,缩小了公司之间的个性化差异,削弱了股票价格对公司价值的甄别、筛选和反馈功能,预示着较低的市场信息效率。自 Roll(1988)发现美国证券市场具有较高的股价非同步性(较小的 R^2)以来,有关市场信息效率的测度引起了学术界的极大关注。Morck et al.(2000)发现发达市场比新兴市场具有较高的股价非同步性;Jin and Myers(2006)认为单纯从投资者产权保护的角度并不能完全解释股价非同步性的差异,还取决于公司信息的透明程度。随着研究的不断深入,股价非同步性是不是度量市场信息效率的有效指标(即股价非同步性到底反映的是公司特质信息还是噪声)引起了越来越多学者的关注和争论,形成了以 Morck et al.(2000)为代表的"信息效率观"和以 West(1988)为代表的"噪声基础观"两大学派。一方面,"信息效率观"认为股价非同步性反映了公司特质信息纳入股价的程度,股价非同步性越高,表明股价中包含的公司特质信息越多,市场信息效率越高;而"噪声基础观"则认为较高的股价非同步性更多反映的是股价中的噪声或与公司价值无关的投资者非理性行为,较高的股价非同步性并不代表较高的市场信息效率。另一方面,将股价非同步性作为市场信息效率的指标,在实证研究中却得到了相互矛盾的结论:Morck et al.(2000)发现,日本、意大利、希腊和西班牙 4 个发达市场的股价非同步性较低,这与其提出的发达市场具有良好信息环境,从而具有较高非同步性的观点不一致;Skaife et al.(2014)发现在德国和美国股价非同步性与市场信息效率(即股价中的信息含量)负相关,而在英国、法国、澳大利亚和日本 4 国两者之间没有显著相关关系。Lee and Liu(2011)从理论和实证两个方面研究发现,股价非同步性和公司特质信息含量之间存在 U 形关系或负相关关系,而非简单的线性关系;林忠国 等(2012)应用中国证券市场数据,同样发现股价非同步性与信息含量(噪声)之间存在 U 形关系;Kelly(2014)发现股价同步性不能反映公司特质信息融入股价的程度,因此不能有效测度股价信息含量;游家兴(2017)分析总结了以往相关研究中特质信息、噪声与股价非同步性之间的关系,认为各变量之间可能并不是简单的线性关系,即股价非同步性不是度量市场信息效率的有效指标。

与西方发达金融市场相比,中国股市存在严重的"同涨同跌"现象,也就是说,若以股价非同步性作为市场信息效率指标,中国股票市场则属于市场信息效率较低的市场。根据 Eun et al.(2014)的统计,中国股市的 R^2(股价同步性)在 1993—2010 年间维持在 0.549 的高水平,无可争议地位列全球 47 个市场之首。近几年相关文献也说明了中国股票市场具有较高的 R^2,如黄灿 等(2017)、陈冬华和姚振晔(2018)及田高良 等(2019)研究发现中国证券市场 R^2 均值分别为 0.44、0.52 和 0.46。林忠国 等(2012)发现中国股票市场股价非同步性整体表现为噪声;肖争艳 等(2021)认为在中国股票市场中,资产价格包含更多的是噪声而非公司基本面信息。因此,如何降低股价同步性(R^2),提高股价特质信息含量一直是中国市场监管者及学术界关心的热点话题。

市场信息效率测度是研究信息效率的基础,如果度量市场信息效率的指标不科学或出现多种情况,那么,得出结论的可靠性就值得怀疑。由于目前多数研究仍采用股价非同步性测度市场信息效率,而股价非同步性与公司特质信息之间存在各种复杂的关系,由此得出的相关结论往往受到质疑,那么,股价非同步性与公司特质信息之间存在各种复杂关系的原因是什么? 股价非同步性在什么条件下才能有效度量市场信息效率? 如何才能有效测度市场信息效率?这些是学术界需要解决的重要问题。

综观前述,国内外相关研究主要集中在以下几个方面:

第一,以资产均衡价格为对象,从投资者特征、噪声交易及信息预测精度等多方面对信息的市场反应进行了研究;

第二,以股价非同步性(股价同步性)为市场信息效率测度指标,研究影响市场信息效率的因素;

第三,研究股价非同步性(股价同步性)度量市场信息效率的有效性,形成了"信息效率观"和"噪声基础观"两大对立的学派;

第四,研究股价非同步性(股价同步性)与公司特质信息的关系,试图找出股价非同步性(股价同步性)度量市场信息效率失效的原因。

尽管相关研究内容丰富,但仍存在一些值得研究的重要问题:

如在研究金融市场对信息的反应时,尽管从投资者特征、噪声交易及信息预测精度等多方面研究了信息对资产均衡价格的影响,但金融市场对信息的反应方式有哪些? 不同市场环境下,金融市场对信息的反应方式是否相同? 如何有效测度金融市场对信息的反应程度? 这些问题都没有得到很好的解决。另外,现有研究主要是对单信息的,而实际市场中,往往面临的是多信息,那么,市场如何对多信息做出反应? 市场对单信息与多信息的反应有何区别与联系? 在研究股价非同步性(股价同步性)度量市场信息效率的有效性时,尽管发现股价非同步性与公司特质信息之间存在各种复杂的关系,但出现多种复杂关系的原因是什么? 现有研究并没有得出明确结论,甚至很少有文献涉及此类问题。对于股价非同步性测度市场信息效率失效的问题,如何才能有效测度市场信息效率,目前的研究文献仍没有提出可靠的测度指标。

1.1.2　研究问题提出

针对现有研究的不足,本书从信息的特征、市场特征以及金融市场对信息的反应过程出发,从理论上研究金融市场对信息的不同反应方式,探讨市场中公司特质信息与市场噪声之间的关系模式;并从理论上研究股价非同步性与公司特质信息之间存在各种复杂关系的原因;在此基础上,提出了有效测度市场信息效率的指标,并从理论上证明了该指标测度市场信息效率的有效性;进一步用上海、深圳证券交易所的历史数据系统研究了中国证券市场信息效率,有力地支持了理论研究的结论,为市场监管部门、投资者及相关研究者分析市场信息的作用及效率提供参考。本书主要围绕以下 4 个问题展开研究:

问题 1:金融市场如何对信息做出反应? 如何有效衡量金融市场对信息的反应程度? 市场对单信息与多信息的反应有何区别与联系?

　　已有研究主要从信息的传导过程入手,分析资产价格对信息的反映。现有研究大多假设投资者完全理性,较少研究投资者在非完全理性的情况下,金融市场对信息的反应;有些研究说明信息预测精度对市场信息效率有重要影响,但结论并非一致,也缺乏从理论角度直接研究信息预测精度与市场信息效率的关系;更没有文献研究在交易者有限理性的条件下,信息预测精度对市场信息效率的影响。另外,在所有的相关研究中都假定信息与噪声相互独立,但实际上,它们之间存在此消彼长的关系。再次,现有文献很少有直接测度金融市场对信息反应程度的,多数只是分析信息对资产均衡价格及期望收益的影响,但影响程度多大并没有合适的测度指标。已有研究虽然认为市场会对信息做出各种反应,但没有详细分析市场对信息的反应方式。为此,本书将从投资者有限理性、信息与噪声关系及信息预测精度、单信息与多信息等方面对信息的市场反应进行研究。这些问题对于研究股价非同步性与公司特质信息之间的关系、有效提高市场效率具有重要作用。

　　问题2:股价非同步性与公司特质信息之间存在各种复杂关系的原因是什么? 什么情况下股价非同步性可以有效测度市场信息效率?

　　股价非同步性作为市场信息效率测度指标之所以受到人们的质疑,甚至有学者认为该指标不是度量市场信息效率的有效指标(Kelly,2014;游家兴,2017),主要是因为股价非同步性与公司特质信息之间存在各种复杂关系,而非单一的正(负)相关关系。尽管有关学者研究发现股价非同步性与公司特质信息之间存在各种复杂关系(Lee and Liu,2011;但有些关系现有研究并没有发现,如它们之间也可能存在倒U形关系),但存在这些复杂关系的原因并没有被发现与研究,而这些原因对解释股价非同步性作为市场信息效率测度为什么失效,在何种情况下,股价非同步性可以有效测度市场信息效率至关重要。

　　问题3:如何有效度量市场信息效率?

　　由于股价非同步性作为市场信息效率测度指标受到质疑,因此,如何才能有效测度市场信息效率,是研究者关注的重要问题。

　　研究发现,在现实市场中,由于市场环境的不同、法规制度及投资者构成不同,使得特质信息的市场反应方式不同、信息与噪声的关系模式也不同,这些使得特质信息与股价非同步性的关系不同。在此基础上,本书提出了测度市场信息效率的新指标,从理论上证明了该指标测度市场信息效率的有效性,以克服股价非同步性度量市场信息效率的不足。

　　问题4:中国股票市场股价非同步性的主要驱动因素是什么? 信息还是

噪声?

由于中国股票市场具有较低的股价非同步性,那么这种低股价非同步性的驱动因素是什么?是信息还是噪声?不同市场环境下、不同板块的市场,股价非同步性的驱动因素有何不同?如何才能提高中国股票市场的信息效率?

尽管已有研究发现中国股票市场股价非同步性整体表现为噪声(林忠国等,2012;肖争艳 等,2021),但也有学者认为中国股票市场信息决定着个股预期收益率及价格波动(李伟强和张守信,2022;陈梦根和毛小元,2007),并没有得到一致结论。本书应用上述理论研究成果,对中国股票市场的特质信息反应方式、公司特征信息与噪声的关系,分不同市场环境、不同市场板块进行实证研究,探讨中国股票市场股价非同步性驱动因素的差异,为提高中国股票市场信息效率提供参考。

1.2　研究目标、内容与方法

1.2.1　研究目标

本书研究的总体目标是:分析股价非同步性与公司特质信息之间存在各种复杂关系的原因,研究股价非同步性可以有效测度市场信息效率的条件;设计一套科学合理测度市场信息效率的指标,以克服现有指标计量市场信息效率的不足;研究中国股票市场股价非同步性的主要驱动因素,为提高中国股票市场信息效率提供参考。具体研究目标如下:

(1)提出衡量金融市场对信息反应程度的指标,分析金融市场对单信息与多信息的反应方式,为研究股价非同步性与公司特质信息的关系奠定理论基础;

(2)从理论上分析股价非同步性与公司特质信息之间存在各种复杂关系的原因,分析股价非同步性可以有效测度市场信息效率的条件;

(3)提出测度市场信息效率的新指标,从理论和实证两个方面证明新指标比现有市场信息效率指标具有更大的优越性和科学性;

(4)研究中国股票市场中股价非同步性的主要驱动因素,检验市场信息效率测度新指标的有效性。

1.2.2　研究内容

本书研究的内容主要有以下几个方面:

第一,金融市场对信息的反应方式研究。在分析总结前人研究成果的基础上,从市场中信息的传导过程入手,分析信息冲击对资产价格的影响,提出衡量金融市场对信息反应程度的指标,从投资者有限理性、信息与噪声关系及信息预测精度多方面,分析市场对单信息与多信息的反应方式。

第二,股价非同步性与公司特质信息之间的关系研究。首先,分析不同市场(信息主导、噪声主导)情况下,金融市场对公司特质信息的典型反应方式和公司特质信息与噪声的典型关系模式;其次,从理论上分析证明股价非同步性与公司特质信息之间的关系,并得出股价非同步性可以有效测度市场信息效率的条件。应用这些理论,解释现有研究中应用股价非同步性测度市场信息效率得出不一致结论的原因。

第三,提出测度市场信息效率的新指标,从理论上证明了该指标测度市场信息效率的有效性和科学性。

第四,中国证券市场信息效率研究。首先,利用上海、深圳证券交易所的历史数据,构造衡量公司特质信息和噪声指标、股价非同步性贡献指标,分析中国证券市场对公司特质信息的反应方式、公司特质信息与噪声的关系模式;其次,分析股价非同步性与公司特质信息的关系,分析不同市场环境、不同板块中股价非同步性的驱动因素差异;最后,构造测度市场信息效率的新指标,分析在不同市场环境、不同板块中,市场信息效率新指标与公司特质信息的关系,以验证新指标在测度市场信息效率方面的科学性。

1.2.3 运用的基本理论及方法

本书以理论研究为主,采用定性与定量相结合、理论与实证相结合的研究方法。

(1)本书应用的基本理论

现代证券投资理论、行为金融理论、金融工程理论、运筹学、概率论与数理统计、数学分析理论、信息论及系统工程理论、计量经济学等。

(2)本书采用的技术方法

在研究金融市场对信息的反应方式时,采用信息论、概率统计、行为金融理论及运筹学、数学分析的理论与方法。

在研究股价非同步性与公司特质信息之间的关系时,应用现代证券投资理论、数理统计理论、数学分析理论、运筹优化理论及方法。

在市场信息效率新指标的设计与分析中,应用数理统计理论、运筹优化理论、数学分析的理论与方法。

在中国证券市场信息效率的实证研究中,采用概率论与数理统计理论、计量经济模型、主成分分析方法、数学分析方法,以及 Eviews、Matlab 语言进行应用编程等。

1.3　本书的创新及特色

本书的创新主要有以下几个方面:

(1)全面系统地研究了金融市场对信息的反应方式。

已有研究主要从风险资产均衡价格或收益率对信息反应的角度研究金融市场对信息的反应,得出信息对风险资产均衡价格或收益率具有重要影响的结论,但缺少直接测度金融市场对信息反应程度的指标。本书首次提出信息市场贡献度、累积市场贡献度的概念,用于更准确测度金融市场对信息的反应程度,丰富了市场信息效率度量指标;在此基础上,创新性发现信息公开程度与其市场贡献度呈倒 U 形关系,信息量与其累积市场贡献度呈 S 形关系。此发现可以有效解释以前指标无法解释的现象,如有研究认为增加信息披露会提高市场信息效率(Goldstein and Yang,2017、2019),也有的研究认为披露更多基本面信息可能降低市场信息效率(Goldstein et al.,2014;Banerjee et al.,2018),信息公开程度与其市场贡献度的倒 U 形关系,正好解释这些看似矛盾的现象;信息量与其累积市场贡献度的 S 形关系可以很好地解释信息惯性导致信息非效率的原因(Illeditsch et al.,2021)。

研究还发现交易者有限理性、信息与噪声负相关关系并不改变信息公开程度与其市场贡献度的倒 U 形关系、信息量与其累积市场贡献度的 S 形关系,只是投资者非理性行为、市场噪声均会使信息市场贡献度(累积市场贡献度)降低;同时还发现当市场信息公开程度较低时,信息反应不足的信息市场贡献度大于适度和过度反应。这些发现为市场价格中的一些异象做出了更接近现实的解释。如游家兴(2008)发现反应不足的信息效率高于反应过度,本书可以从理论上解释这个现象。

(2)系统研究了股价非同步性与公司特质信息之间的关系,找到了它们之间存在各种复杂关系的原因,明确了股价非同步性可以有效测度市场信息效率的条件。

以前个别研究发现股价非同步性与公司特质信息之间存在各种复杂关系,

如 U 形关系、负相关关系等(Lee and Liu,2011),但有些关系,如它们之间可能存在的倒 U 形关系,现有研究并没有发现,更没有学者研究存在这些复杂关系的原因。为此,本书首次通过研究金融市场对公司特质信息的典型反应方式、公司特质信息与噪声的典型关系模式,从理论上证明了股价非同步性与公司特质信息之间存在的各种关系,发现股价非同步性与公司特质信息之间存在的各种复杂关系的原因是不同金融市场对公司特质信息的反应方式不同、公司特质信息与噪声的关系不同。当公司特质信息与噪声相互独立时,股价非同步性可以有效测度市场信息效率。该研究从理论上解释了为什么同样是发达市场,有的股价非同步性与特质信息含量正相关,有的负相关,有的则没有显著关系的问题(Morck et al. ,2000;Kelly,2014)。

(3)提出了测度市场信息效率的新指标,并从理论上证明了该指标测度市场信息效率的有效性。

由于股价非同步性与公司特质信息之间存在各种复杂关系,使得股价非同步性作为市场信息效率测度指标受到质疑,但已有相关研究并没有提出测度市场信息效率更有效的指标。本书基于市场信息效率的本质属性,应用投资学、数理统计学等理论,创新性地提出了测度市场信息效率的新指标:信息的股价非同步性贡献率,并运用运筹优化理论、数学分析的理论与方法,从理论上证明了该指标测度市场信息效率的有效性。研究发现无论金融市场对公司特质信息的反应方式如何、公司特质信息与噪声存在何种关系模式,特质信息与其股价非同步性贡献率的关系均为正相关,克服了股价非同步性度量市场信息效率的不足及实证研究中得出不一致结论的问题,提高了市场信息效率度量的科学性。

(4)系统研究了中国证券市场信息效率。

已有一些文献对中国股票市场信息效率进行了一定的研究,发现中国股票市场股价非同步性整体表现为噪声,特质信息与股价非同步性呈正 U 形关系(林忠国 等,2012;肖争艳 等,2021),但也有学者认为中国股票市场信息起决定性作用(李伟强和张守信,2022)。这些研究仍以股价非同步性作为市场信息效率测度指标,没有分析不同市场环境、不同市场板块下,中国股票市场对特质信息的反应方式、公司特征信息与噪声的关系以及中国股票市场股价非同步性驱动因素的差异。

本书运用上述理论研究成果,分不同市场环境、不同市场板块,实证研究中国股票市场中特质信息与股价非同步性的关系,发现特质信息与股价非同步性呈正 U 形关系,中国股票市场总体上是信息主导的市场;在牛市中,中国股票市场为信息主导的市场,而在熊市与震荡市中,中国股票市场为噪声主导的市场。在主板市场中,公司特质信息与股价非同步性为正 U 形关系,是信息主导的市场;在中小板及创业板市场中,公司特质信息与股价非同步性为倒 U 形关系,是噪声主导的市场。无论是从总体上看,还是分不同市场环境、不同板块,在中国股票市场中,公司特质信息与其股价非同步性贡献率之间均存在正相关关系,实证了市场信息效率测度新指标的科学性。

除此之外,还有其他一些创新之处,如采用主成分分析法构造特质信息指标、研究了公司特质信息和噪声之间的关系等。

本书的研究特色在于以实际问题为导向,以解决基础问题为目的,侧重理论研究,伴以科学的实证分析,同时采用对比分析的方法,在与同类研究的对比中显示本书研究成果的创新性和科学性。本书既追求学术意义上的一般性与完美性,又强调应用上的可行性,便于理论推广与应用。正是由于上述特色,本书的阶段性成果已逐步得到社会承认,最终本书的成果有望引起学术界及实际投资者的广泛关注和兴趣。

1.4　本书框架

全书共分 9 章,除第 1 章"绪论"和第 9 章"总结与展望"之外,正文共 7 章内容,分 5 个层次。第一层是对现有理论及研究成果进行总结与评价;第二层从理论上研究金融市场对信息的反应方式,为分析股价非同步性与公司特质信息之间的关系奠定基础;第三层从理论上研究股价非同步性与公司特质信息之间存在各种复杂关系的原因;第四层是设计新的市场信息效率测度指标,并从理论上证明市场信息效率测度新指标的有效性与科学性;第五层是以中国证券市场为例,通过实证分析验证理论的正确性。7 章内容具体安排如下:

第 2 章　市场信息效率的基本概念研究

(1)总结现有市场信息效率的基本概念,分析其不足;

(2)给出更准确描述市场信息效率本质属性的定义;

(3)给出后文研究中涉及的一些关键概念及术语。

第 3 章　市场信息效率测度理论与应用评价

(1)全面综述现有市场信息效率测度理论与方法,分析现有理论及方法的不足;

(2)总结现有市场信息效率测度理论的应用现状,明确现有理论应用存在的问题。

第4章 市场对单信息的反应方式:信息与其市场贡献度

(1)从市场信息的传导过程入手,设置市场交易模型,分析单信息冲击对资产均衡价格的影响;

(2)从定量分析的角度,综合考虑信息与噪声对价格波动的影响,提出度量市场对单信息反应程度的指标:信息市场贡献度;

(3)分析证明信息公开程度与信息市场贡献度的关系,研究市场对单信息的反应方式;

(4)分析其他因素对信息市场贡献度及信息市场贡献度与信息公开程度关系的影响。

第5章 市场对多信息的反应方式:信息与其累积市场贡献度

(1)从市场多信息的传导过程入手,提出度量市场对多信息的反应程度指标:信息市场累积贡献度;

(2)分析证明市场信息量与信息累积市场贡献度的关系,研究市场对多信息的反应方式;

(3)分析其他因素对信息市场累积贡献度及信息市场累积贡献度与信息量关系的影响。

第6章 市场信息效率测度指标(股价非同步性)有效性分析

(1)以第5章理论为基础,分析不同市场情况下,金融市场对公司特质信息的典型反应方式;

(2)分析不同市场情况下,公司特质信息与噪声的典型负相关关系模式;

(3)建立股价非同步性与公司特质信息关系的优化模型,从理论上分析不同市场情况下股价非同步性与公司特质信息之间存在的关系;

(4)分析股价非同步性可以有效测度市场信息效率的条件;

(5)解释现有研究中应用股价非同步性测度市场信息效率得出不一致结论的原因。

第7章 市场信息效率测度新指标:股价非同步性贡献率

(1)综合考虑信息与噪声对股价非同步性的影响,提出定量度量市场信息效率新指标:股价非同步性贡献率;

(2)考虑市场对公司特质信息与噪声的反应方式,以及公司特质信息与噪声的负相关关系模式,建立股价非同步性贡献率与公司特质信息关系的优化模型;

(3)从理论上分析不同市场情况下股价非同步性贡献率与公司特质信息之

间的关系,证明该新指标比股价非同步性测度市场信息效率更具科学性。

第8章 中国证券市场信息效率实证研究

(1)应用上海、深圳证券交易所的历史数据,采用主成分分析法构造公司特质信息指标,参考林忠国 等(2012)的方法得到噪声指标;

(2)研究公司特质信息与市场噪声的关系及市场对公司特质信息和市场噪声的反应方式;

(3)实证分析整体市场、不同市场环境、不同板块中,中国股票市场中股价非同步性与公司特质信息的关系,分析驱动因素差异的原因,验证第 6 章各个命题的正确性;

(4)应用上海、深圳证券交易所的历史数据,构造公司特质信息股价非同步性贡献率指标,实证分析整体市场、不同市场环境、不同板块中,公司特质信息与其股价非同步性贡献率的关系,说明用股价非同步性贡献率在测度市场信息效率方面具有股价非同步性指标所不具有的优越性,并验证第 6、7 章各个命题的正确性。

本书具体研究框架见图 1.1。

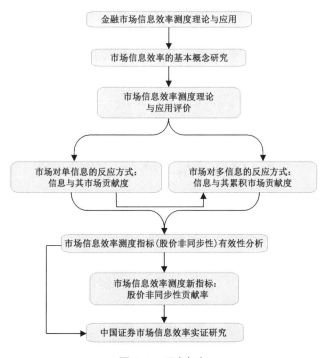

图 1.1 研究框架

2 市场信息效率的基本概念研究

2.1 引 言

人们研究市场信息效率是为了提高市场定价机制,进而提高资源配置效率、推动技术进步和经济增长,而提高市场信息效率是基于对市场信息效率的本质认识及其影响因素分析;对市场信息效率的认识不同,其影响因素的分析及提高信息效率的方法也不相同,因此,对市场信息效率本质的认识及影响因素分析是研究市场信息效率的出发点。

本章首先从信息及其交易者的定义出发,通过信息的传导过程探讨市场信息效率的本质特征,为市场信息效率的测度及应用奠定基础。

2.2 信息的基本概念与传导过程

2.2.1 信息的基本含义

信息是市场信息效率研究的客体。传统金融理论认为,股票价格是由信息决定的,但对于信息的概念一直没有给出明确的解释。Stiglitz(2000)认为信息是指与金融市场及微观主体相关的信号、信息等,是能够提高人们对证券市场内事物、事件和现象判断以及决策准确程度的物质。在信息经济学中,信息是任何有效改变后验概率的可观测信号。信息集是状态空间上的一个划分,有了某一信息,投资者就可以此信息为条件修正对某一事件发生可能性的后验概率。Fama(1970)认为,信息是指有关企业投资项目未来收益能力的现金流量预测消息,如果股票价格能够充分反映所有可得信息,那么这样的市场是有效的。

一般来说,信息有多种含义,一是存量的概念,指积累下来的资料、档案和论据;二是存量的增量,如情报、消息报道等,即能够带来新知识的消息。

2.2.2　信息的分类

从不同的方面,信息有不同分类:

(1)按不同的属性,信息可以分为有无、多少、好坏以及真假等

Stiglitz(2000)按照不同的属性层次,将信息分为有无、多少、好坏以及真假等。信息多少是指市场中的信息量,这是一个相对的概念,当市场中信息量较多时,称为信息多,反之,称为信息少;信息好坏,这里是指信息对证券价格的影响,若对证券价格有正向的影响,称为好信息,若对证券价格有负向的影响,称为坏信息。真信息是指确实有事实依据的信息;假信息是指伪造的信息,也称为虚假信息。

(2)按信息的来源,信息可分为市场层面的信息、行业层面的信息及公司层面的信息

Campbell and Lettau(1999)将股票价格中包含的信息分为 3 个层面:其一是市场层面的信息,如宏观经济因素和政策因素,它影响了整个市场所有公司股票价格的变动;其二是行业层面的信息,如新的产业政策、结构调整安排,它影响了某个特定行业内所有公司股票价格的变动;其三是公司层面的信息,如年度财务报告的公布、董事会成员变动等,它影响了特定公司股票价格的变动。然而,不同信息进入股票价格的方式大不相同:市场和行业信息作为公共信息,往往随着信息的公布直接引起股价的变动;公司层面的信息主要是一些私人信息,这些信息更多是通过风险套利者的套利行为进入股价中。

(3)根据信息的时间属性,信息分为历史信息、公开信息及内幕信息(将来信息)

Fama(1970)在研究市场有效性时,将信息分为历史信息、公开信息及内幕信息 3 种。历史信息是指过去的信息,如过去的价格和成交量、历史财务报表等,根据有效市场理论,在弱式有效市场中,投资者无法利用历史信息来预测未来股价变化趋势以赚取超额收益。公开信息是目前已向市场发布的信息,如公司的资产负债表、利润表、现金流量表、证券分析师盈利预测公告、企业并购公

告、股利分配拆股和利率、汇率等，在半强式有效市场中，投资者无法利用任何市场公开信息来赚取超额收益。内幕信息是指未公开的信息，或将来的信息，如企业的并购意向、未来发展规划、高管人员可能发生的变更等。在强式有效市场假设下，任何人都不可能通过任何内幕信息获取超额收益。

2.2.3　信息的特征

信息的特征有很多，这里主要介绍信息的复杂性、混沌性、非线性和不确定性等特征。

(1)信息的复杂性

信息的复杂性一般是指信息含义的多面性及来源的多样性，它是与信息的简单性相对应的。信息的简单性是指一条信息反映的事情直接明了，人们接收到此信息后能准确无误地理解其含义、估计其价值。而信息的复杂性是指信息涉及的内容及问题多、错综复杂，人们接收到此信息后并不能准确无误地理解其含义，或估计其价值。另外，信息的复杂性也与其发布来源的复杂性有关，如有企业信息、宏观信息、媒体信息等。

(2)信息的混沌性

信息的混沌性主要是指信息的含义具有一定的模糊性。有些信息，由于涉及的问题复杂，甚至需要一些专业知识才能很好地理解，或信息本身的表述比较复杂，使得人们难以理解其含义，更不易估计其价值。

(3)信息的非线性

信息的非线性是指信息与其体现的价值之间并非线性关系。也就是说，随着信息量的增加，增量信息的价值并非同步增加，往往具有非线性增加或减少的特征。

(4)信息的不确定性

信息的不确定性是指信息的内容具有不确定性。信息发布主体可以随时根据现实需要选择信息发布的时间与内容，甚至发布虚假信息，并根据这些虚假信息做出判断，更改其已发布的信息的内容等。另外，在信息发布时往往混杂着噪声，也使信息具有不确定性。

2.2.4　噪声的基本含义与特征

(1)噪声的基本含义

噪声是与信息相对立的概念，在市场信息效率研究中也具有重要地位。

Black(1986)给出的定义：噪声是使得我们观察变得不完美的东西，它使得我们无法知道某只股票或投资组合的预期收益是多少，并强调用彼此不相关的因果关系来解释市场中发生的事件。信息论的观点认为，凡是对信息进行干扰的东西都是噪声。一般来说，噪声是指与资产价值无关的各类消息，如各种小道消息、流言传闻等。

（2）噪声的特征

金融市场中的噪声具有 3 个明显的特点：

第一，它是市场上虚假或者失真的信号，是与股票投资价值无关的消息。

第二，从其来源看，可能是市场参与者主动制造的虚假消息，也可能是被市场参与者误判的消息，包括技术分析的错误推理、主观分析判断、过去投资经验及市场上的谣言等。

第三，从其影响程度及范围来看，有些噪声可能对所有股票或大多数股票的市场收益波动同时造成影响，而有些噪声可能仅影响其中某一只股票价格的变化。

由此可见，噪声的本质是指不能正确反映股票基本价值，而使股价偏离其内在价值的因素和事件。

2.2.5　金融市场中的交易者及其特点

由于市场中同时充斥着信息与噪声，而不同投资者的分析辨别能力和信息搜集能力存在差别，因此，分析金融市场中的交易者及其特点对研究市场信息效率具有重要意义。由于金融市场中的交易者具有多种分类方法，本书主要从以下两个方面进行分类。

（1）根据交易者是否依据信息，分为理性交易者和噪声交易者

理性交易者是依据信息进行交易，也称为套利交易者、信息交易者或知情交易者。理性交易者的信息是完全的，他们总是能够最大化其预期效用，并能掌握、处理所有有用信息，对未来状况的预测也是客观公正的，面对不同类型资产的风险态度也是一致的。理性交易者可分为完全理性交易者与有限理性交易者。完全理性交易者对信息的理解与反应具有一致性，并按照贝叶斯法则对信息采取一致无偏的方式做出反应，表现为"适度反应"；有限理性交易者是指当市场中出现信息时，存在认知偏差，不仅会误解信息的方向，而且会对信息的预期精度产生系统偏差，常表现为"过度反应"和"反应不足"。

噪声交易者依据噪声进行交易。噪声交易者的投资行为是不理性的，他们

存在认知偏差,不能对信息进行公正、客观和无偏的处理,他们要么错误地运用来源于证券分析师或者市场投资顾问的一些虚假信息,要么过于相信自己的主观判断而错误地评估投资项目的收益风险性,要么运用不正确的金融理论对不同股票进行投资组合等。

实质上,噪声交易具有二重性。一方面,噪声交易使得股票价格偏离实际价值,影响股票市场信息效率,出现规模效应、日历效应和账面市值比效应等市场"异象";另一方面,正是因为有了噪声交易者的存在,证券市场的存在才成为可能。由于股票交易一定要由买卖双方同时存在才能完成,如果整个市场中都是理性交易者,那么就没有人能够依据私有信息从股票交易中获利,交易就不会发生。

(2)根据交易者的主体特征,分为个人投资者与机构投资者

国内外金融市场中,存在大量个人投资者与机构投资者。个人投资者主要依据自身的知识与经验进行投资。由于个人投资者专业分析能力有限,他们的交易行为大多具有交易次数过多、偏好高风险股票等特征,交易策略常常是在价格上升时买股票、而在价格下降时卖股票,即所谓的"追涨杀跌",较少基于信息进行交易,因此个人投资者也常被认为是噪声交易者。

机构投资者一般由专业投资人员组成,拥有更丰富的资产与更强大的投资能力,具有规模资金、组合投资、专家理财、能控制投资风险等特点,他们往往能对市场的信息与噪声进行有效辨别,并基于信息进行市场交易,因此机构投资者也一般被认为是信息交易者。现实中,机构投资者往往是有限理性交易者。

2.2.6 金融市场信息的传导过程

信息在市场中的传导过程可分为信息披露、信息传递与信息反映 3 个阶段。信息披露阶段是信息生产阶段,信息发布主体(如国家有关政府部门、企业等)披露与证券市场或上市公司价值有关的信息(包括公共信息与私有信息),使信息进入市场;信息传递阶段是信息被识别加工与消化的阶段,在该阶段由于不同交易者获取信息的渠道、对信息处理能力等不同,从而导致其利用信息交易的时间、策略等不同。信息反映阶段是指信息交易者经过对信息及其对公司价值影响的评估分析,调整交易策略使信息进入股价的过程。

一般来说,与公司价值直接相关的信息进入股票价格的路径主要有两种:一种是通过公共信息的发布而直接进入股票价格,如企业并购公告、未来发展规划公告、高管人员更替公告、年度财务报表等;另一种是通过搜集和加工私有

信息的理性交易者的套利行为把信息反映到股票价格中,并且只有当公司层面私有信息能够提供足够的套利空间时,理性交易者才愿意花费资源去搜集并分析公司特质信息。

2.3 市场信息效率的相关理论

市场信息效率是个复杂的概念,为了探讨市场信息效率的本质,这里首先介绍相关理论。

2.3.1 有效市场假说理论

(1)有效市场假说理论的基本含义

市场信息效率首先出现在有效市场理论中。在现代金融经济学理论中,有效市场假说是最有影响力的理论。Fama(1970)在 Samuelson(1965)、Mandelbrot(1966)等已有的研究基础上,总结并提出有效市场假说(Efficient Market Hypothesis,EMH)。他对有效市场的定义是:在一个证券市场中,如果资产的价格能够充分反映所有可以获得的信息,那么,这样的证券市场就称为有效市场。也就是说,如果市场是有效的,股票价格就能充分反映所有可获得的信息,此时,市场信息效率是最高的。衡量证券市场是否具有效率有两个标志:

一是价格是否能自由地根据有关信息而变动;

二是证券的有关信息能否充分地披露和均匀地分布,使每个投资者在同一时间内得到等量等质的信息。

根据这一假设,投资者在买卖股票时会迅速有效地利用可能的信息,所有已知影响股票价格的因素都已经反映在股票的价格中。

(2)有效市场假说的基本假设

有效市场假说成立主要依赖于如下 3 个基本假设:

第一,投资者都是完全理性的,他们都以追求收益最大化为目标,并且所有投资者相互独立地对股票价值做出评价。股票价格波动是投资者基于完全信息集的理性预期结果。

第二,股票市场是完全竞争市场。也就是说,交易客体是同质的,交易双方均可自由地进入市场;市场参与者足够多且都是价格的接受者;市场上没有交易成本。

第三,投资者信息获取成本为零,所有投资者均可以免费获得各种信息。

（3）有效市场假说的 3 种形式

根据股票价格反映信息内容的不同，市场有效性大致可以划分为 3 大类，即弱式有效、半强式有效和强式有效。

在弱式有效市场中，资产价格已充分反映所有过去的资产价格信息，包括资产的交易价格、交易量、交易金额等数据信息。因此，在弱式有效市场中，采用股票价格的技术分析将不会获取超额利润。

在半强式有效市场中，股票价格已充分反映历史信息及所有已公开的有关公司运营状况等方面的信息，包括交易价、交易量、交易金额、盈利资料、公司经营状况及其他已公开披露的财务报表信息等。因此，在半强式有效市场中，投资者利用基本面分析去获取利润将失去作用，而采用内幕消息或可能获得超额利润。

在强式有效市场中，股票价格已充分反映所有关于公司运营状况的信息，既包括历史信息，也包括已公开披露的和未公开披露的所有信息。因此，在强式有效市场中，不会有任何方法使得投资者能够获取超额利润。Fama（1970）认为强式有效市场实际是很难达到的。

（4）有效市场假说遭到的质疑

尽管有效市场假说理论涵盖了几乎全部情形，但金融市场中的种种价格反应"异象"（反应不足、反应过度、反转以及漂移等）很难用有效市场假说理论进行解释。这使得该理论在实际应用中受到质疑，主要有以下几个方面：

第一，投资者并非完全理性。有效市场假说假设投资者完全理性，但实际情况并非如此。完全理性是要以确定性为前提的，但是，股票市场价格不仅受基本价值的影响，而且受到市场交易状况的影响，在信息和知识都不完全时，投资者需要面对收益不确定性，这种不确定性造成投资者行为异化，即投资者应是有限理性的。另外，情绪、心理、文化习俗和社会规范等因素也会对投资者的理性行为造成影响。资本市场上陆续出现的一些"异象"也对完全理性假设提出了挑战，这也是行为金融学产生的背景。

第二，证券市场并不能达到完全竞争。EMH 理论假设市场参与者足够多，且都是价格的被动接受者而非决定者，这也与现实情况不符合。证券市场中的投资者包含个人投资者和机构投资者，个人投资者一般是价格接受者，但是机构投资者则不同，由于他们掌握着较多资金，并且有专业的投资知识以及广阔的信息渠道，所以当他们购买某只股票时，人为的供需不平衡可能导致股价较大偏离基础价值。另外，不存在交易成本的假设也是不合理的，如中国股票市场就存在较高的印花税等。由于种种原因,不同投资者之间会隐瞒各种信息甚至隐瞒真实投资行为,使得某些投资者会拥有其他投资者不拥有的信息,从而产生信息不对称问题,这也使得股票市场不能达到完全竞争水平。

第三,信息获取需要成本。有效市场理论假设所有的信息都是无成本的,这是不现实的。由于信息具有复杂性、混沌性、非线性和不确定性等特点,信息不对称现象是市场中的常态。一方面,年度财务报告、国家宏观经济政策和产业发展状况等公开信息可以看作无成本,但通过深入研究而获得的公司特质信息或内幕信息则是需要成本的,尤其是关于投资项目未来收益能力的前瞻性信息,可能需要花费高额的信息搜集成本。另一方面,不同投资者之间由于分析能力、知识积累、信息渠道及学习机制等方面的差距,他们的信息搜集成本也会不同。这种情况下,不同投资者最终所搜寻的信息肯定是不一样的,信息搜集成本较低的投资者会获得较多的信息,而信息搜集成本较高的投资者将获得较少的信息,此时投资者的知识和信息是不完全的,所做的投资预期也是异质预期。

第四,对有效市场的划分过于笼统,且没有直接说明信息效率的测度。EMH 理论依据信息集的不同将市场有效性划分为 3 种形式,这只给出了有效性的总体水平,不能明确界定有效性数值的高低,而且检验结果是比较粗糙的,不利于市场间的比较,如同样是新兴市场国家股票市场,如果它们都为弱式有效,那么能说明这些市场间的信息效率没有差异吗?另外,EMH 理论的检验结果是一个总体有效性概念,并不能分析单家公司股价信息效率的差异,实际上,公司间由于信息透明度水平、公司治理水平的不同,股价信息效率将可能显著不同。

2.3.2 行为金融学理论

自法玛(Fama)于 1970 年提出有效市场假说后,众多学者在理论和实证角度对有效市场假说进行了广泛论证,并且得到了市场检验;然而,随着实证模型与方法逐渐成熟,市场中出现了与有效市场假说理论不一致甚至很难应用现有经典金融理论进行解释的一些异象,即资本市场异象,如股权溢价之谜(Mehra and Prescott,1985)、波动率之谜(Campbell and Cochrane,1999)、日历效应(French,1980)、处置效应(Odean,1998)、非理性过度交易现象(Odean,1999)等。出现这些"异象"的主要原因是有效市场假说理论与现实不符,尤其是投资者完全理性的假设,由此,行为金融学理论应运而生。

(1)行为金融学理论的基本含义

行为金融学是将行为科学、心理学和认知科学上的成果运用到金融市场中产生的学科,它的主要研究方法是基于心理学实验结果提出投资者决策时的心理特征假设来研究投资者的实际投资决策行为。该理论最基本的假设是投资者是非理性的。

该理论认为,股价并不是只由公司的内在价值决定,还会在一定水平上受到交易者主体行为的影响,即交易者的心理预期与交易行为对股价的形成及其变动都具有重大的影响。行为金融学理论对有效市场假说理论中指出的长期内市场会逐渐趋于有效的结论产生了质疑。资本市场中投资者的心理特征导致市场上广泛存在有限理性以及非理性的投资者,他们根据市场中的信息对不同的股票和投资组合进行判断,进而做出决策,套利投资者的存在并不会使有限理性和非理性投资者消失,相反,由于噪声交易和"羊群效应"的存在,相对于套利投资者,有限理性和非理性投资者更可能影响资本市场价格的构成(刘茹,2006)。

(2)行为金融学的理论基础

行为金融学理论是建立在以下假设基础上的:

第一,投资者为有限理性或非理性。有效市场理论认为投资者为完全理性,即使存在非理性投资者,他们也不会主导股票价格,理性投资者会通过套利抵消非理性投资者对股价的影响。然而现实并非如此:在资本市场投资决策中,"人"在其中起着关键作用;而投资者存在着过度自信、回避损失、从众效应、减少后悔与推卸责任、非贝叶斯预测五大心理特征,这些心理导致投资者在投资分析过程中并不是完全理性的,不符合有效市场理论中的投资者最优决策过程(刘力,1999;刘茹,2006)。

第二,投资者交易是相关的。EMH 理论认为非理性投资者的交易是无关的,随机交易使得非理性交易者对市场不形成影响。心理学研究表明,即使个人投资者依靠自己的判断来做交易决策,他们的交易也有很强的相关性。虽然一部分投资者对自己的投资行为有独到的见解,但绝大部分投资者在做出投资决策时会参考市场上其他投资者的决策行为,尤其是在突如其来的重大信息面前无从选择的情况下。在此条件下市场上的投资者不一定随机进行买卖股票的决策——人们会在一个时间段内趋于做出相同的投资决策。有时会有一些来路不明或虚假的信息恶意影响市场上投资者的投资行为,这就是人们所说的"羊群效应"。因此,一些社会性的因素可能影响市场上投资者的投资行为,从而促使非理性主导股票价格。

第三,套利是有限的。EMH 理论认为,如果套利能够抵消非理性投资者的偏差,市场依然有效。但实际市场的套利是有限的、有风险的。套利的有效性取决于是否存在近似的替代资产。套利者在面临投资决策时,通常难以找到完美的替代品,这时套利者会承担相应的风险,而且这些风险大多数情况下难以避免。即使存在一个完美的替代品,除了基础面风险,套利投资者也仍面临非理性投资者预期变动的风险。由于对风险的厌恶,套利投资者可能退出交易。此时,非理性投资者将会获得较高的收益,由于"羊群效应"和示范效应的存在,新的投资者也会选择与非理性投资者同样的方式进行投资,部分套利投资者也会在利益驱使下转变为噪声交易者(刘茹,2006),这使得非理性投资者主导市场成为可能。即使投资者忽略套利行为本身的风险性,证券市场内存在的摩擦也使得套利行为成为不可能,如套利成本的存在和噪声交易者的存在进一步指出套利者面临的风险主要包括基本面信息风险和噪声交易风险。

市场有效是重要的研究课题。行为金融学认为传统金融学将市场过度简化,且理性人假定与实际情况之间存在较大差异,故而行为金融学认为传统金融学得出的结论并不正确。随着对有效市场理论的验证与质疑,人们更愿意选择从更为现实的视角去检验证券市场效率的变化及其影响因素,既考虑信息市场的非出清事实和证券市场价格发现功能的存在,又充分兼顾理性预期与人类的能动性条件。

2.3.3 信息不对称理论

(1)信息不对称理论的基本含义

信息不对称理论是阿克洛夫(Akerlof)在 1970 年提出的。信息不对称是指买卖双方掌握的商品信息具有不均衡性,卖方掌握信息的较多,而买方掌握的信息较少甚至不了解。

在现实的市场经济活动中,一般而言,经济行为主体并不会拥有完全的信息,而且各个主体之间获取信息的能力也会存在差异,从而导致各行为主体的决策行为面临诸多的不确定性,这与传统经济学理论通常假设市场交易双方具有完全信息的假设产生了冲突。信息不对称理论的诞生不仅弥补了已有经济学理论的不足,而且有力地推动了现代经济学理论的健康发展。

(2)信息不对称理论的作用与意义

第一,信息不对称理论促使了人们对信息的重新认识。传统经济理论认为收益就是劳动成果或产出,然而人们很少想到信息不对称在一定程度上的减少意味着一项收益。因为信息不对称现象的存在使人们在决策时面临许多不确定性,而这种不确定性的减少必须花费经济成本。因此,这种经济成本的减少也就增加了收益,这也是信息就是财富的有力证据。另外,信息不对称问题的存在说明了信息传递的重要性,因为交易中存在信息不完整和信息不对称,所以,人与人之间需要沟通与对话,相互传递信息,交易双方才能取得交易的成功,从而市场机制才能有效发挥作用,防止出现市场失灵。

第二,信息不对称理论是对传统经济学的重大突破。由于信息不对称问题的存在可能造成信息占有优势的一方经常会做出"败德行为"和信息占有劣势的一方面临交易中的"逆向选择",这两种行为的直接后果是扭曲了市场机制的作用,误导了市场信息,造成市场失灵。

第三,信息不对称理论促使了行为经济学的诞生。由于人的经济行为在很大程度上是人心理活动的反映,而交易双方的信息不对称正是由于人们心理活动的"屏蔽性"造成的。因此,在研究信息不对称问题时,有必要研究造成这种信息不对称的心理动机及由此引起的经济利益。也就是说,信息不对称理论的出现实际上使经济学中许多脱离实际的理论模型向基于现实经济生活的理论位移,因此具有革命性的意义,在一定意义上促使了行为经济学的诞生。

第四,在股票市场中,信息不对称是指市场中各个投资者由于其获取信息的渠道、能力以及成本的不同,导致其所获取信息的及时性以及信息的质量是不均衡的,存在差异性。在股票市场中,信息的不对称会导致套利交易、内幕交易以及关联方交易的发生,从而降低了市场信息效率。正是因为信息不对称的存在,使得资本市场中的股价存在同步性现象。由于企业与投资者之间存在一定的信息不对称,信息套利者存在一定的套利空间,因此有动机去挖掘公司的特质性信息。然而,产权保护制度缺位使得信息套利者获利的难度加大,降低了其挖掘公司层面特质性信息的动机,进而降低了资本市场中公司特质性信息的含量,提高了股价同步性。

2.3.4 信息传递理论

信息传递理论是指在信息不对称的情况下,拥有信息优势的一方向信息劣势的一方传递信息,以降低逆向选择的风险,改善市场运行效率。信息传递理论又可分为信息传递和信息甄别,其中,信息传递是指拥有信息优势的一方通过可观测到的信息载体向信息劣势一方传递价值或质量的真实信息。信息甄别是指信息接收者对信息提供者传递的信号进行筛选，识别出价值或者质量的真实信息。事实上，信息甄别和信息传递都是用于解决信息不对称导致的逆向选择问题，两者是近似的，因而，在信息经济学中，人们普遍将信息甄别和信息传递统称为"信息传递"。

在资本市场上，企业管理层是信息优势方，而投资者是信息劣势方。如果企业不充分披露相关信息，投资者就不能充分了解企业未来的发展前景和投资机会，无法对企业未来价值形成正确预期，进行正确的投资决策，从而产生逆向选择问题。为了在一定程度上缓解因信息不对称产生的逆向选择问题，即使证监会没有强制性信息披露要求，企业管理层也有动机以自愿披露信息的形式向资本市场中的投资者传递有关企业信息，以降低信息不对称。

2.4　市场信息效率基本概念研究

市场信息效率对提高资本市场效率至关重要。然而，至今为止，有关市场信息效率并没有统一的定义，许多学者从不同方面对此进行了探讨。

2.4.1　市场信息效率概念的综述与评价

由于信息从披露到市场做出反应有一个过程，市场信息效率取决于信息传递过程中的效率，因此，研究者也多从信息披露、信息传递及信息反应等方面探讨市场信息效率的含义。综合已有研究，目前有关市场信息效率有以下几种观点：

第一种观点认为，市场信息效率指的是股票价格中的信息含量。股价中的信息含量越高，市场信息效率就越高。因此，可以用股价中的信息含量定义市场信息效率。

这种观点相当有市场，Morck et al. (2000)在《股票市场的信息含量：为什么新兴市场具有同步的股票价格变动？》一文中指出，"同涨同跌"现象意味着公司特质信息较少被纳入资产定价之中，并提出用股价同步性(R^2)度量市场信息效率，认为股价同步性越高，股价信息含量就越低，即市场信息效率就是股价中的信息含量。Jin and Myers(2006)认为决定股价变动的是整个市场信息的变化及所引发的投资者共同行动，最终导致了股价变动中特质信息含量的变化，并呈现不同的同步性。Hu and Liu(2013)认为中国股票市场中，较低的股价同步性意味着较高的噪声和较低的股价信息含量。高伯任(2020)研究发现自媒体信息披露将通过提高投资者的关注度来提升股价信息含量。陈梦根和毛小元(2007)发现中国证券市场价格信息含量呈逐年递增趋势,市场联动性特征不断减弱,市场信息效率不断提高。纪彰波和臧日宏(2019)发现,中长期沪港通的实施均显著降低了标的股票的股价同步性,提高了股价信息含量。袁知柱和鞠晓峰(2009)认为股价信息含量越高,股票价格中包含的与公司基本价值密切相关的信息就越多,信息效率也越高。股价信息含量是衡量一个国家股票市场运行效率的重要标志。这种观点从整体上对市场信息效率进行了刻画,但最明显的不足是信息含量的概念较模糊,难以用定量指标衡量。

第二种观点认为,市场信息效率指的是股票价格对信息的反映,市场对信息的反映越大,信息效率就越高。市场对信息的反映可以用信息引起的波动度量,信息引起的波动越大,信息效率就越高。

这种观点也具有相当的市场。该观点最早出自有效市场理论。该理论认为,在一个证券市场中,如果资产的价格能够充分反映所有可以获得的信息,那么,这样的市场就可以称为有效市场。Roll(1988)指出股票价格基于信息而运动,市场和行业信息随着信息的公布直接引起股价的变动,公司层面信息主要是通过风险套利者的套利行为进入股价中。Grossman and Stiglitz(1980)指出因为信息具有成本,价格不可能完美地反映所有信息,否则那些花费成本获取信息的市场参与者将得不到任何补偿,这将反向降低市场中信息被发现和反映的概率和程度。O'Hara(1995)指出证券市场建设及其制度设计框架的基本目标之一就是整合市场信息并使其快速地反映于股价中。陈浪南和熊伟(2014)研究发现,中国股票特质波动的增加并非完全由公司基本面信息引起,投资者非理性投资造成的噪声交易是中国股票特质风险变动的主要原因。An and Zhang(2013)、潘婉彬 等(2013)发现机构投资者持股比例的提高加速了股票价格对新信息的调整和吸收,增进了股票市场的信息效率,从而减少了股价变动的同步性。这种观点从市场对信息反映的角度定义市场信息效率,具有综合的特点。这种定义存在的主要不足是没有考虑信息发布及传播时的效率;在实际中,由于信息往往与噪声混杂在一起,因此较难衡量市场对信息的反映。

第三种观点认为,市场信息效率是特指股票价格中的公司特质信息含量。股价中公司特质信息含量越高,市场信息效率就越高。

该观点认为宏观及行业信息自发布就会被全部投资者得知,并且直接引起股价的变动,只有公司特质信息才会逐步融入股价中。宏观及行业信息引起的股价变动并不能说明市场信息有效,只有公司特质信息引起的股价变动才能说明市场信息有效。

这种观点也很有市场。Durnev et al.（2003）发现股价同步性较低的股票，其收益包含了更多的未来会计盈余信息。Chun et al.（2008）发现在股票价格变动过程中，企业创新特质会作为公司特质信息纳入股价，导致同步性的下降。张大永 等（2020）实证研究发现中国股票分析师的"羊群行为"降低了市场上的特质信息含量，从而增加了公司的股价同步性。伊志宏 等（2015）发现，女性分析师挖掘了更多公司特质信息，使股价同步性降低。伍琼 等（2016）发现，客户集中度越高，公司股价包含的特质信息越多，这意味着客户集中度有助于上市公司股价信息含量的改善。顾琪和王策（2017）实证研究表明，融资融券制度中的卖空摩擦抑制了市场参与者对公司特质信息的充分挖掘，不利于市场定价效率的提高。该观点实际上是第一种观点的具体化，强调的是股价中公司特质信息含量，而非全部信息含量。与第一种观点类似，该观点存在概念的模糊性及测度上的困难性。

第四种观点认为，市场信息效率是指市场中的信息量（包括数量与质量）。市场中的信息量越多，信息效率越高。

张程睿和徐嘉倩（2019）发现，随着信息披露制度逐渐完善，中国上市公司信息披露质量逐步提升，股票市场的有效性也逐步提高。周冬华和魏灵慧（2017）研究发现，媒体是否报道、媒体报道数量和股价同步性均显著负相关：媒体报道数量越多，公司股价同步性越低。刘海飞 等（2017）研究表明，微博信息质量与股价同步性有着显著的负向线性关联性。何贤杰 等（2018）发现，微博信息中经营活动及策略类信息占比越高，公司的股价同步性越低。傅樵和陈雯（2019）研究发现媒体关注和会计信息都在一定程度上降低了股价同步性。冯晓晴 等（2020）研究发现存在控股股东股权质押的企业更不愿意披露特质性信息，股价同步性更高。这种观点用市场中的信息量刻画市场信息效率，相对于股价中的信息含量（第一种观点），概念更为清晰，也更容易测度。但此观点最明显的不足是衡量的只是信息披露阶段的信息质量，而非股价对信息的最终反映，而且市场中的信息量仍然是一个难以测度的指标。

第五种观点认为，市场信息效率是指信息在市场中的传播范围及解读程度。信息在市场中传播范围越广、解读程度越高，信息效率越高。

信息不对称理论认为，市场中各个投资者由于其获取信息的渠道、能力以及成本的不同，导致其所获取信息的及时性以及信息的质量存在差异性。信息的不对称导致套利交易、内幕交易以及关联方交易的发生，从而降低了市场经济效率。游家兴和汪立琴(2012)发现,机构投资者的参与提高了整个市场投资者的理性程度,有助于市场信息传递机制的完善,推动了股票价格对公司特质信息的吸收,从而有力抑制了股价波动的"同涨同跌"现象。郭白滢和李瑾(2018)研究表明,机构投资者信息共享与股价同步性之间呈现负相关关系,信息共享能够降低股价同步性。张永任和李晓渝(2010)直接以机构持股比例作为股价中信息含量的代理变量。这种观点用信息传导过程中的效率定义市场信息效率,从某个方面揭示了市场信息效率的特征,但此观点最明显的不足之处是衡量的只是信息传导阶段的信息效率,且此阶段的信息效率不易直接测度。

上述 5 种市场信息效率的观点,可归纳为 4 种基本观点:

第一种基本观点是以股票价格中的信息含量作为市场信息效率的定义,如第一种与第三种观点;

第二种基本观点是以股票价格对信息的反映程度定义市场信息效率,如第二种观点;

第三种基本观点是以市场中的信息量定义市场信息效率,如第四种观点;

第四种基本观点是以信息在市场中的传播范围及解读程度定义市场信息效率,如第五种观点。

将第一、第三种观点归并到第一种基本观点中,因为它们都是从股价信息含量的角度定义市场信息效率,所不同的是第一种观点没有明确指出股票价格中的信息是什么信息,而第三种观点明确说明了股票价格中的信息是公司特质信息。第二种基本观点从市场对信息反映的角度给出了市场信息效率的定义,这种定义认为,只有市场对信息做出充分的反映,市场信息效率才高,这是一种从信息最终影响价格的视角给出的市场信息效率定义。第三种基本观点是从信息发布(披露)的角度分析市场信息效率,认为只要市场发布足够多的高质量信息,就可以提高市场信息效率。第四种基本观点是从信息传导过程中的效率定义市场信息效率,认为信息传导过程中的效率高,市场信息效率就高。

在市场信息效率定义的 4 种基本观点中,第一种基本观点是整体的概念,也是人们常认为的观点,但该基本观点中信息含量的概念较模糊,难以测度;第二至第四种基本观点分别从信息披露、传递到市场反映 3 个阶段反映了市场信息效率的不同方面,是市场信息效率本质特征在这些方面的体现。在实践中,由于第二种基本观点是从信息最终影响价格的视角定义市场信息效率,与第一种基本观点接近,因此,人们往往将第一与第二种基本观点等同看待,即认为资产价格中信息含量就是资产价格对信息的反映,资产价格中信息含量越多,资产价格对信息的反映就越充分。

2.4.2 市场信息效率的本质属性与定义

(1)市场信息效率的本质属性

市场信息效率的本质属性在于信息的市场反映。如果金融市场能对信息及时、准确地进行反映,也就是说,证券价格能及时、准确地反映信息的价值,信息就能完全进入股价,股价中的信息含量就多,市场信息效率就高;反之,无论市场其他方面的效率有多高,如果证券价格不能及时、准确地反映信息的价值,市场信息效率也不会高。因此,市场对信息的最终反映是市场信息效率的本质属性。它主要包括以下两个方面内容:

①市场对信息反映的及时性。市场对信息反映越及时,市场信息效率就越高。

②证券价格反映信息价值的准确性。如果证券价格能准确反映信息所包含的价值,则市场信息具有高效率;否则,市场信息效率就低。

上述市场信息效率的本质属性包含两方面内容,证券价格反映信息价值的准确性应处于更重要的地位。

(2)市场信息效率的定义

由于宏观及行业信息的发布能及时被全部投资者得知,且直接引起股价的变动,因此,人们在谈论市场信息效率时,往往是指市场对公司特质信息的反映。根据市场信息效率的本质属性,本书给出如下市场信息效率的定义:

所谓市场信息效率是指金融市场中证券价格对公司特质信息的反映程度。市场对信息的反映程度越大,信息效率就越高。

本书给出的市场信息效率定义,较全面地反映了市场信息效率的本质属性,明确了市场信息的特定含义,克服了以前定义的不足,为市场信息效率测度指标的有效设计奠定了基础。

(3)市场信息效率的其他特征

市场信息效率除市场对信息反映的特征外,还有其他一些重要特征。

①市场信息效率的多面性。由于信息从披露到被股价吸收要经历多个阶段,每个阶段都存在市场信息效率。只有每个阶段都具有高的市场信息效率,才能保证最终股价能充分准确地反映公司特质信息。因此,市场信息效率具有多面性的特征。

②市场信息效率测度的复杂性。市场信息效率测度是个具有挑战性的工作。信息从披露到被股价吸收，每个阶段的市场信息效率测度都没有统一确定的指标与方法，有些仅是间接的代理指标，这使得市场信息效率的测度具有复杂性。

2.5　市场信息效率的主要影响因素研究

在进行市场信息效率测度与应用的研究中，分析影响市场信息效率的主要因素无论在理论上还是实际应用中都是重要的。

对于影响市场信息效率的因素，许多学者做了大量的研究工作。本节在此基础上，对影响市场信息效率的主要因素做一简单分析。

（1）市场管理制度与信息环境因素。主要包括投资者保护制度、证券市场制度、违规监管制度、内幕交易规制等制度，以及媒体报道数量与质量、微博披露信息质量、一国的文化与政治等信息环境因素。

（2）企业因素。主要包括公司治理（如所有权安排、董事会特征、政治关联、连锁董事、两职分离、机构持股、大股东持股等）、公司信息透明度（如企业信息披露、会计信息质量、信息定期披露与非定期披露等）及大股东行为（如控股股东股权质押）等。

（3）市场自身的因素。包括市场参与者的构成（机构及散户数量，如机构投资者持股比例）、投资者的理性程度及投资行为、噪声交易者的数量与投资行为、融资融券、分析师"羊群行为"、会计师事务所及审计师事务所、资本市场开放程度、证券市场成熟程度、市场信息传递机制等。

这些因素主要从制度建设与宏观信息环境及信息发布、传播到被股价吸收全过程的影响因素进行了分析。

2.6　本章小结

对市场信息效率的认识是市场信息效率测度、理论分析与应用的基础。本章首先从信息的基本概念入手，分析了信息的含义、特征及其传导过程，分析了与信息相关联的概念：噪声与投资者；其次，介绍了与市场信息效率相关的理论，总结前人对市场信息效率的定义及研究成果，在此基础上，探讨了市场信息效率的本质特征，给出了比较科学的市场信息效率定义，为市场信息效率的测度及应用奠定了基础；最后，简要分析了影响市场信息效率的各种主要因素。

3 市场信息效率测度理论与应用评价

3.1 引 言

在金融市场中,资产价格是信息的函数,信息是资产价格的主要驱动因素。但由于金融市场并不是完全有效的市场,资产价格并非及时、完全反映市场信息,亦即市场信息效率并非100%。如何测度市场信息效率是研究信息、发挥市场信息功能,促进资本市场健康发展的基础。市场信息效率实际上反映了股价中的信息含量,股价信息含量越多,市场信息效率就越高,然而,股价信息含量是一个难以测度的指标。自从有效市场理论提出以来,特别是Roll(1988)发现美国证券市场具有较小的R^2以来,有关市场信息效率的测度引起了学术界的极大关注,取得了一系列重要的研究成果,这些成果是本书研究的基础,因此有必要对其进行分析和评价。

本章首先对有关市场信息效率的测度理论方法进行分析评价,其次对应用研究现状进行分析,最后得出总结。

3.2 市场信息效率测度理论方法及评价

市场信息效率的影响因素主要表现在市场信息的传导过程中。由于市场信息传导过程可分为信息披露、信息传递与信息反映3个阶段(曲鸿雁,2001),因此,信息传导效率取决于信息披露与传递效率,而信息反映则是市场信息效率的最终体现。信息反映直接体现在股价中的信息含量,股价中信息含量越高,市场信息效率就越高。

对市场信息效率的测度,学者也多是从信息反映、信息传递、信息披露这 3 个方面提出了度量指标。

3.2.1 市场信息效率测度:信息反映类指标

尽管信息从披露到吸收要经历一个过程,但市场信息效率最终体现在市场对信息的反映方面,因此信息反映类指标是测度市场信息效率最主要的指标。目前普遍采用测度市场信息效率的指标有 R^2、股价同步性、股价非同步性等,其中 R^2 指标是其他指标的基础。

(1)R^2 指标

根据资本资产定价模型及多因子模型,记 $r_{i,t}$ 为所选取股票 i 在 t 时的收益率,$r_{m,t}$ 为股票 i 所属市场在 t 时的市场收益率,$r_{j,t}$ 为股票 i 所属行业 j 的行业收益率,$\varepsilon_{i,t}$ 为随机扰动项。则 R^2 是式(3.1)回归方程的拟合优度。

$$r_{i,t} = \alpha_i + \beta_i r_{m,t} + \gamma_i r_{j,t} + \varepsilon_{i,t} \tag{3.1}$$

R^2 指标解释的是由宏观(行业)信息解释个股收益率的程度或股票价格中的宏观信息含量。Roll(1988)发现美国及西方发达国家证券市场的 R^2 指标普遍较低,新兴市场国家证券市场的 R^2 指标普遍较高,说明在西方发达国家证券市场,低 R^2 指标反映证券价格中宏观信息量较少,可能含有较多公司特征信息;新兴市场国家证券市场中宏观信息量较多,可能含有较少的公司特征信息。这也说明西方发达国家证券市场信息效率高,新兴市场国家证券市场效率低,因此,可以用 R^2 指标测度一个市场的信息效率。

R^2 是回归方程(3.1)的拟合优度,它是用来判断模型拟合程度的标准,是一个纯粹的计量检验符号,但 Roll(1988)赋予 R^2 新的内涵,成为反映股价变动中公司特质信息含量的量化指标,对于定量测度市场信息效率具有重要意义,为后续理论的发展和实证研究奠定了基础。

(2)股价同步性与非同步性指标

在 Roll(1988)之后,Morck et al.(2000)对 R^2 进行了深入研究,发现如果股票价格能准确、充分、及时地传递公司基本面信息,那么不同公司股票的价格运动将呈现多样性的特点。根据 Roll(1988)的理论解释,一旦公司股票价格更多地被市场收益或行业收益所解释,这将意味着公司的特质信息较少被纳入资产定价中,使得 CAPM 对个股收益的拟合程度 R^2 较大。为此,Morck et al.(2000)提出股价同步性概念,认为 R^2 实质上反映了股票价格运动的特征:如果

R^2 较低,说明股价变动呈现与大盘较大程度的背离;反之,如果 R^2 较高,则说明股价变动呈现与大盘较强的同步性。

可见,股价同步性指标与 R^2 是一致的,只是称谓不同而已。在实际应用中,为满足变量正态分布的要求,常对 R^2 指标进行 Logistic 变换,进而用式(3.2)计算股价同步性指标 SYNCH:

$$SYNCH = \log[R^2/(1-R^2)] \tag{3.2}$$

股价同步性指标是 R^2 与 $1-R^2$ 的比值取自然对数,因此 SYNCH 与 R^2 正相关,与 R^2 具有一致性。自股价同步性指标提出以来,在实证中该指标广泛用于测度市场信息效率。与 R^2 相同,SYNCH 越大,市场信息效率越低;SYNCH 越小,市场信息效率越高。

与股价同步性指标相对应,有些学者提出了股价非同步性指标 NSYNCH,其计算公式为:

$$NSYNCH = \log\left(\frac{1-R^2}{R^2}\right) \tag{3.3}$$

对比式(3.2)与式(3.3)可以发现,股价非同步性指标与股价同步性指标本质相同,只是方向相反。在测度市场信息效率时,NSYNCH 越大,市场信息效率越高;NSYNCH 越小,市场信息效率越低。另外,NSYNCH 与 $1-R^2$ 具有一致性,在实际应用中,也常称 $1-R^2$ 为股价非同步性指标。

根据上面分析可以看出,在测度市场信息效率时,R^2、股价非同步性与股价同步性指标具有一致性,是目前度量市场信息效率的常用指标,这些指标的提出使定量测度市场信息效率成为可能,在信息效率研究领域具有开创性意义。然而,自从这些指标提出以来,质疑声不断,总结起来,认为用股价同步性指标测度市场信息效率至少有以下几方面不足:

①该指标忽略了噪声对股价同步性(R^2)的影响。

众多学者认为股价同步性越低,股价中特质信息含量越高。如 Durnev et al.(2003)认为股价波动非同步性反映更多的是公司层面信息而不是噪声,噪声只对测度结果产生较小的影响。也有一些学者对股价非同步性信息内涵解释提出疑问。West(1988)发现,公司层面收益波动程度越大,代表公司层面信息量越少,因为此时股价波动中包含的泡沫及噪声因素增多。

Roll(1988)认为股价同步性(R^2)取决于市场收益和残差两个变量,前者解释作用减弱或后者影响增强都可以降低股价同步性;反之亦然。市场收益代表宏观层面公共信息,而残差代表除宏观信息之外所有解释因素,既包括公司特质信息,也包括噪声和投资者非理性因素。因此,较低的 R^2 不一定意味着较高的股价特质信息含量,也有可能是噪声或市场投机的结果。Morck et al. (2013)也承认,R^2 杂合着噪声和信息,与信息效率不存在着单向的、非此即彼的简单关系。

由于股价同步性指标是将信息与噪声混合在一起,分析它们共同对市场信息效率的影响,因此,从股价同步性指标看,并不能分清这种影响是信息造成的还是噪声造成的。另外,该指标没有考虑信息与噪声的关系及信息与噪声对股价同步性指标的不同影响。

②该指标与公司特质信息存在多种复杂关系,使实证研究得不到一致的结论。

后文的应用分析可以发现,应用股价同步性测度市场信息效率时,往往得出不确定的结论,使该指标度量市场信息效率时可能出现失效的情况。

(3)特质波动率

特质波动率是指公司的特质波动,指除市场信息和行业信息等公共信息引起的收益率波动以外,能有效代表该公司特有信息引起的收益率波动,这也是测度市场信息效率的指标。其方法(参考 Morck et al.,2000;Lee and Liu,2011)如下:

首先,按式(3.4)进行回归分析,求出残差 $\varepsilon_{i,w,t}$;

$$r_{i,w,t} = \alpha_{i,t} + \beta_{i,t} r_{m,w,t} + \gamma_{i,t} r_{i2,w,t} + \varepsilon_{i,w,t} \tag{3.4}$$

其中,$r_{i,w,t}$ 是股票 i 在第 t 年 w 周的回报率,$r_{m,w,t}$ 和 $r_{i2,w,t}$ 分别是市场投资组合的同期回报和行业组合回报率;为避免虚假的结果,市场和行业投资组合中都无股票 i;然后对剩余股票进行价值加权。

其次,根据股票 i 收益率和残差 $\varepsilon_{i,w,t}$ 分别计算股票收益率总波动 $\sigma_{i,t}^2$ 及残差 $\varepsilon_{i,w,t}$ 的方差 $\sigma_{i,w,t}^2$。

这里残差 $\varepsilon_{i,w,t}$ 的方差即为公司的特质波动率。在实际应用中,常用公司的特质波动率与股票 i 收益率总波动之比测度市场信息效率(陈浪南和熊伟,2014),即 $\dfrac{\sigma_{i,w,t}^2}{\sigma_{i,t}^2}$,正好等于式(3.4)的 $1-R_{i,w,t}^2$。因此,公司 i 在 t 年的公司特定波动率定义为 $1-R^2$[式(3.4)回归拟合优度]。进一步对 $1-R_{i,w,t}^2$ 进行对数转换为:

$$\psi_{it} = \ln\left(\frac{1-R_{i,w,t}^2}{R_{i,w,t}^2}\right) = \ln\left(\frac{\sigma_{i,w,t}^2}{\sigma_{i,t}^2 - \sigma_{i,w,t}^2}\right) \tag{3.5}$$

可以发现,特质波动率与股价非同步性是一致的,两者均关注残差项,通过回归尽可能除去市场信息和行业信息,从而得到公司的特质波动率。

由于特质波动率与股价非同步性具有一致性,因此上述分析的股价(非)同步性存在的问题,在用公司特质波动率度量市场信息效率时同样存在。

3.2.2　市场信息效率测度:信息传递类指标

信息传递类指标主要用于度量信息在传递过程中,被投资者收集与解读的情况,以此测度市场信息效率。常用的指标有 PIN 和 VPIN(Easley et al.,1997;Easley et al.,2012)、机构持股比例(含外资持股)(An and Zhang,2013;Kacperczyk,2021)等。

(1)PIN/VPIN

PIN 即知情交易概率,是指某次交易源于拥有私有信息的知情交易者的概率,也可以看作在某一资产的所有交易中来自知情交易者交易所占的比重。从微观结构理论看,PIN 测度的是买卖订单的差异,可以作为衡量信息不对称程度的一种直接指标。PIN 越大,知情交易的概率越大,信息被交易者得知的比例越大,信息传播的效率越高,信息市场效率越高。因此,部分研究者以 PIN 作为市场信息效率的测度指标。

PIN 的计算过程,即 EKOP 模型(参考韩立岩 等,2008)如下:

假设一个风险资产的交易市场,机制为做市商交易,存在多个交易日,记为 $i=1,\cdots,I$。在每个交易日内,时间是连续的,记为 $t\in[0,T]$。做市商是风险中性且竞争性的,在任何时间都连续报出股票的买卖价格。因为风险中性和竞争性假设,所以做市商的报价等于基于当时他所掌握信息的资产期望价值。

交易者分为知情交易者和非知情交易者两类。与非知情交易者相比,知情交易者拥有信息优势,能够提前知道影响股票价格变化的私有信息。知情交易者出于投机需要,根据私有信息交易,没有信息时不交易。非知情交易者出于流动性、对冲等需要进行交易,由于他们无法获得私有信息,所以无论信息发生与否,非知情交易者都要进行交易。一个交易日内,知情交易者进场交易的次数服从期望值为 μ 的泊松分布;非知情交易者的买入交易次数服从期望值为 ε_b 的波松分布,卖出交易次数服从期望值为 ε_s 的泊松分布。

在每个交易日前影响资产值的信息事件随机发生。信息事件独立分布,每天的发生概率为 α。如果信息事件发生,那么它是好消息的概率为 $1-\delta$、坏消息的概率为 δ。在每个交易日结束之后,该信息就会被完全反映在价格之中。

令 $P(t)=\{P_n(t),P_b(t),P_g(t)\}$ 分别表示 t 时刻没有信息事件 (n) 发生、有坏消息发生 (b) 和有好消息发生 (g) 的概率。在 0 时刻做市商的先验概率为：$P(t)=\{1-\alpha,\alpha\delta,\alpha(1-\delta)\}$。则 t 时刻一笔卖出交易到达的概率为：

$$P(S_t)=P_b(t)(\varepsilon_s+\mu)+P_g(t)\varepsilon_s+P_n(t)\varepsilon_s=\varepsilon_s+\mu P_b(t) \qquad (3.6)$$

进而，在 t 时刻一笔卖出交易是由知情交易者发起的概率为：$\dfrac{\mu P_b(t)}{\varepsilon_s+\mu P_b(t)}$。

同理，在 t 时刻一笔买入交易是由知情交易者发起的概率为：$\dfrac{\mu P_g(t)}{\varepsilon_b+\mu P_g(t)}$。

因此，t 时刻发起的一笔交易是由知情交易者发起的概率为：

$$PI(t)=\frac{\mu P_b(t)+\mu P_g(t)}{\varepsilon_s+\mu P_b(t)+\varepsilon_b+\mu P_g(t)} \qquad (3.7)$$

开盘时，利用信息事件发生的先验概率，可得知情交易概率为：

$$PIN=PI(0)=\frac{\mu\alpha\delta+\mu\alpha(1-\delta)}{\varepsilon_s+\mu\alpha\delta+\varepsilon_b+\mu\alpha(1-\delta)}=\frac{\mu\alpha}{\varepsilon_s+\varepsilon_b+\mu\alpha} \qquad (3.8)$$

该模型把可观测到的市场表现(如买卖订单指令)与不可观测的信息和交易背后的指令流生成机制联系了起来。流动性提供方(做市商)通过掌握的信息，向市场报出买入价和卖出价。买卖价差的来源可以解释为交易者从做市商手中买入资产的条件期望价格与向做市商卖出资产的条件期望价格之差。在交易过程中，流动性提供者(做市商)观测到交易行为，并通过贝叶斯法则来调整他们对市场中交易毒性的判断。PIN 测量的是知情指令流与全体指令流的比例，是决定买卖价差的重要组成部分。当 PIN 值出现非预期上升，若流动性提供者没有及时调整价差，就可能导致损失。

然而，PIN 值虽然比较直观，但在现实操作中存在很大问题。PIN 值中的参数都是不可观测的，估计较为困难，而且产生的误差也可能较大。特别地，当市场的成交量巨大时，对 PIN 值使用极大似然估计可能面临"上溢效应"或者"下溢效应"，导致无法得出最优的结果。基于以上原因，研究者通过观测市场中的指令流，计算买卖失衡效应，得出了 PIN 的改进方法：VPIN。

$$VPIN=\frac{\mu\alpha}{\varepsilon_s+\varepsilon_b+\mu\alpha}\approx\frac{E[|V_i^S-V_i^B|]}{V}=\frac{\sum_{i=1}^{n}|V_i^S-V_i^B|}{nV} \qquad (3.9)$$

其中，V_i^S 和 V_i^B 分别表示第 i 个交易量桶(也称为交易篮子、交易时段)中的卖方交易量和买方交易量，V 是每个交易量桶的交易量。与 EKOP 模型不同，VPIN 模型是一种非参数估计方法，不再依赖于买单和卖单样本量的个数，而是通过计算每一个交易时段内交易量的不平衡程度来测度知情交易概率。

根据 Easley et al.(2012)的研究,采用 VPIN 模型可以更好地测度报价驱动市场中的指令流毒性(Flow Toxicity),即非知情交易者在提供买卖报价过程中所面临的逆向选择风险。换言之,当某个交易日测得的 VPIN 值较大,则表明发生知情交易的概率较高,相应的指令流毒性就越大,后续交易日市场的波动率也会越大。

理论上,VPIN 值可以近似表示市场存在知情交易者的概率,或知情交易者占总交易者的比例。VPIN 值越高,说明市场中存在的知情交易者比例越高,交易毒性越大,暗示未来市场的波动也会越剧烈。

PIN 和 VPIN 实际上测度的是市场中知情交易者的概率,或信息不对称程度,PIN 越大,信息传播得越广,信息不对称程度越低,信息市场效率越高。随着高频数据的应用,VPIN 值也变得容易获得,使得许多研究者用 PIN 和 VPIN 测度市场信息效率。然而,此指标存在以下不足:

①PIN 和 VPIN 测度的是信息公开程度而非市场对信息的反映程度。

PIN 和 VPIN 测度的是市场中知道某信息的交易者比例(即信息公开程度)而非直接测度市场对信息的反映程度,只是隐含地认为知情交易者的概率越高,市场对信息的反映越充分,市场信息效率越高。

②知情交易者概率与市场信息效率的关系并非一定为正相关关系。

知情交易者概率反映的是信息公开程度,而信息公开程度越高,不一定信息效率越高。实际上(后文研究发现),信息公开程度与市场信息效率的关系为倒 U 形关系,在知情交易者概率较低时,随着知情交易者概率增加,市场信息效率会增加,但当知情交易者概率达到一定程度后,随着知情交易者概率增加,市场信息效率会下降。因此,用 PIN 和 VPIN 测度市场信息效率是有一定适用范围和假设条件的。

③PIN 和 VPIN 测度的只是信息传播过程中的效率而不是市场对信息的最终反映。

信息传播过程中的效率不等于市场对信息的最终反映,不同的知情交易者对同样的信息可能反应不同,因此,用信息传播过程中的效率代替市场对信息的最终反映会出现一定偏误。

(2)机构持股

有一些研究者以机构持股数量(或比例)作为市场信息效率的替代指标。其基本逻辑是:机构投资者是信息交易者,机构持股数量(或比例)越多,说明其掌握的私有信息越多,通过证券交易或持股将信息融入股票价格中,提高市场信息效率。

机构投资者入市的主要目的是获取长期稳定的投资回报。为了让上市公司实现可持续的良好业绩,机构投资者以多种方式参与公司决策,改善公司治理结构,提高公司整体质量,提升公司价值。相对于个人投资者,机构投资者更善于挖掘公司特质信息,是典型的信息交易者。因此,一些研究者认为机构持股比例可以直接衡量股票中的信息量,可以用机构持股比例作为市场信息效率的度量指标。通常采用年报或季报中所披露的机构持股比例(包括外资持股、QFII、基金等)作为代理指标衡量市场信息效率。

然而,机构持股(比例)作为市场信息效率的度量指标存在以下不足:

①机构投资者并非完全理性,它是信息交易者,但并不是完全基于信息交易。

在现实中,相对于个人投资者,机构投资者是理性交易者,但并非完全理性,也存在"羊群效应"等非理性交易行为,也就是说机构投资者是有限理性交易者;机构投资者往往基于信息进行交易,是信息交易者,但有时也基于趋势或噪声进行交易,而非完全基于套利进行交易。因此,将机构投资者视为完全理性交易者,并以此持股度量市场信息效率,会扩大信息的作用,降低噪声的影响。

②机构持股(比例)间接测度市场信息效率,而非直接测度指标,具有一定的模糊性。

影响机构持股(比例)的因素很多,并非仅仅基于信息。机构持股(比例)隐含机构投资者掌握的私有信息,机构持股(比例)实质上代表交易者信息量或信息公开程度;用机构持股(比例)测度市场信息效率的假设是机构持股(比例)越高,市场中的信息量越大,市场对信息的反映越充分,市场信息效率越高。与PIN和VPIN相同的原因,市场中的信息量与市场信息效率的关系并非一定为正相关关系。因此,用机构持股(比例)测度市场信息效率也是有一定适用范围和假设条件的。

③机构持股(比例)也是信息传播过程中的效率,而非市场对信息的最终反映。

3.2.3 市场信息效率测度:信息披露类指标

信息披露类指标是用信息披露阶段信息的真实性、充分性和及时性等测度市场信息效率。度量信息披露阶段信息效率的指标主要有信息披露数量与质量,它决定了市场中的信息数量与质量。

信息披露主要是指公众公司以招股说明书、上市公告书以及定期报告和临时报告等形式,把与公司相关的信息向投资者和社会公众公开披露的行为。在实践中,常通过上市公司信息披露质量评级衡量。目前关于上市公司信息披露质量常用的代理指标是深交所对上市公司的年度信息披露考评(肖土盛 等,2017),相对于其他指标,该考评指标较为客观,具有一定的权威性,且能够较为全面地反映公司整体的信息披露质量。深交所的最终考评结果分为优秀、良好、合格与不合格 4 个等级。曾庆生(2014)采用如下做法:若考评结果为优秀或良好,则归为信息披露高质量公司,指标取值为 1;若考评结果为合格或不合格,则归为信息披露低质量公司,指标取值为 0。

用上市公司信息披露质量衡量市场信息效率的基本逻辑:如果一家上市公司信息披露质量高,说明该公司能及时、准确和充分地披露公司信息,在市场有效的前提下,公司股票价格就可以及时充分反映公司特质信息,市场信息效率就高。

然而,该指标测度市场信息效率时仍存在以下不足:

①上市公司信息披露质量测度的是信息披露阶段的效率,而非市场对信息的最终反映。

信息披露阶段的效率高只能说明市场中信息数量多、质量高,这有利于市场对信息的吸收,但市场对信息的反映不仅取决于信息披露质量,而且取决于交易者及市场噪声等多种因素,因此,上市公司信息披露质量测度市场信息效率存在不足。

②上市公司信息披露质量主要体现在市场中的信息量,而市场中信息量的多少并不代表市场信息效率的高低。

一般认为市场中的信息量越大,市场信息效率越高,但实际上,市场中的信息量与市场信息效率的关系并非一定为正相关关系。因此,用上市公司信息披露质量测度市场信息效率是有一定适用范围和假设条件的。

③上市公司信息披露质量测度市场信息效率也是间接指标,而非直接测度,其准确性不高。

当然,除了上述一些测度市场信息效率的指标外,还有其他指标,如分析师盈利预测偏差、非流动性指标(Lee and Liu,2011),这些指标的共同特点是间接测度市场信息效率,而非直接测度,都具有一定的模糊性。

3.3 市场信息效率测度理论应用现状分析与评价

由于目前市场信息效率测度主要是基于股价同步性(R^2)指标,因此,对市场信息效率测度理论应用现状的分析主要基于 R^2(股价同步性)展开。

3.3.1 股价同步性(R^2)的提出与市场信息效率的测度

R^2 用于测度市场信息效率源于 Roll(1988)开创性的研究。R^2 是资本资产定价模型[CAPM,式(3.1)]的拟合优度。Roll(1988)指出,在已有 CAPM 的实证研究结果中,CAPM 所能解释股价变动的比例都不超过 40%,即使用美国股市最新数据进行检验,回归所得的 R^2 也只有 0.179。

对于如此低的 CAPM 解释力度,Roll(1988)解释:套利交易者的套利活动将私有信息传递到股票价格上,提高了个股股价的变动性,导致 CAPM 解释力的下降。Roll(1988)认为,股票价格中包含了 3 个层面的信息:市场层面的信息、行业层面的信息与公司层面的信息。市场和行业层面的信息往往随着信息的公布直接引起股价的变动;而公司层面的信息是通过套利者的套利行为进入股价中。Roll(1988)认为回归方程(3.1)的拟合优度(R^2)解释了个股收益所反映的公共信息含量,($1-R^2$)解释了个股收益所反映的公司特质信息含量。因此,R^2 越低,说明股价变动所涵盖的公司特质信息含量越高,相应的公共信息含量越低。Roll(1988)赋予了 R^2 新的内涵,成为反映股价变动中关于公司特质信息含量的量化指标,为定量测度市场信息效率奠定了基础。

在 Roll(1988)以后,Morck(2000)第一次对 Roll(1988)的理论研究进行了拓展,指出,如果公司股票价格更多地被市场收益或行业收益所解释,意味着公司特质信息较少被纳入投资者的资产定价之中,则 R^2 较大。为此,Morck et al.(2000)提出股价同步性的概念,认为 R^2 实质上反映了股票价格运动的特征:R^2 较高,说明股价变动呈现与大盘较强的同步性;R^2 较低,说明股价变动呈现与大盘较大程度的背离。

Morck et al.(2000)在比较了 40 个国家的 R^2 后,发现在产权保护机制更加有效的国家,股价同步性更低。由于套利活动是基于私人信息的交易行为,会推动价格向实际价值接近,增加了股价变动中公司特质信息的含量;因此,套利活动的减少阻碍了股票价格对公司特质信息的吸收,使得股价变化在公司之间的个性化差异缩小,从而股价变动"同涨同跌"的现象也将趋向明显;由此,

Morck et al. (2000)认为,对公众投资者提供更有力的法律保护将伴随着更多的来自公司层面的特有收益变动,将导致更低水平的价格变动同步性。

Jin and Myers(2006)认为,单纯从投资者产权保护的角度并不能完全解释股价同步性的差异,因为公司内部人掏空行为的严重程度不仅取决于司法保护体系的完善与否,而且取决于外部投资者对公司价值的察觉,即信息的透明程度。他们发现,当公司信息透明度较低时,原本就处于信息劣势的外部投资者在私有信息搜集成本上会进一步提高,很容易超出他们从中所能获得的收益,此时外部投资者将被迫做出逆向选择,不再花费过多的精力和成本去搜集各个公司基本面的信息,而是将好、坏公司混同对待,并将整个市场的平均质量纳入对单家公司价值的判断之中。由此,决定股价变动的不再是与公司基本价值相关的特质信息的变化,而是整个市场信息的变化以及所引发的投资者共同行动,最终导致股价变动中特质信息含量减少,并呈现较高的同步性。

至此,形成了以 Morck et al. (2000)为代表的"信息效率观"。该观点认为股价同步性反映了公司特质信息纳入股价的程度,股价非同步性越高表明股价中包含的公司特质信息越多,市场信息效率越高。因此,可以用股价(非)同步性指标测度市场信息效率。后续很多相关研究则直接用股价(非)同步性指标测度市场信息效率。如何贤杰 等(2018)研究发现,微博中包含经营活动信息越多的公司,其股价同步性越低。

3.3.2 R^2 的影响因素研究

自 R^2 (股价同步性)指标用于测度市场信息效率以来,R^2 的生成机制、影响因素成为学者研究的热点。实质上,Morck et al. (2000)、Jin and Myers (2006)也是 R^2 影响因素的研究。Morck et al. (2000)发现,产权保护机制是影响 R^2 的重要因素,一个国家对公众投资者提供的法律保护越有力,其价格变动的同步性越小。Jin and Myers(2006)发现公司信息透明度也是影响 R^2 的重要因素,公司信息透明度越高,其股价同步性越低。

除产权保护机制和公司信息透明度之外,影响 R^2 (股价同步性)的因素还有很多,研究者从不同角度进行了深入研究。

沿着 Morck et al. (2000)关于国家司法体系对投资者产权保护的思路,人们从公司治理等企业微观视角进行分析,发现公司治理水平与股价同步性在理论上存在关联性,良好的治理机制会推动公司信息披露水平的提高,有助于股价纳入更多公司特质信息,降低股价同步性。Gul et al. (2010)、Li et al.

(2015)、袁知柱和鞠晓峰(2009)、唐松 等(2011)、李留闯 等(2012)从所有权安排、审计质量、董事会特征、双重上市、政治关联、连锁董事等公司治理变量开展研究,证实了良好的公司治理机制会促使股价吸收更多的公司特质信息,减少了股价变动的同步性,从而支持了 Morck et al.(2000)的论断。

游家兴 等(2006)研究发现随着中国证券市场制度建设逐步推进、不断完善,股价变动的同步性趋向减弱,证券市场制度建设与股价同步性之间存在负向关系。Fernandes and Ferreira(2009)考察单项制度的颁布与实施会对股价同步性产生的影响,他们对 48 个国家在 1980—2003 年间首次颁布内幕交易法案进行了实证分析,发现法案颁布后,证券市场股价同步性有了明显的下降。

关于信息透明度对股价同步性的影响,人们将 Jin and Myers(2006)的研究从国别比较拓展至公司微观层面,分别从盈余质量、市场微观结构、会计稳健性等角度证实了信息透明度的加强会显著降低股价变动的同步性,如于忠泊 等(2011)研究发现,会计稳健性与股价信息含量之间存在显著的正相关关系,即会计稳健性与股票价格同步性显著负相关。李增泉(2005)发现,所有权结构对股价同步性具有显著的影响,第一大股东持股比例与股票价格同步性之间存在显著的非线性关系,其他大股东持股比例与股价同步性之间表现出显著的负相关关系。但有些学者得出了相反结论,Dasgupta et al.(2010)认为在透明的环境中,与未来事件相关的信息已经在股价上有所反映,因此,当未来事件真正发生时,股票价格不会有新的信息呈现出来,也就是说,今天股价更丰富的信息含量实际上与未来更高的股价同步性密切相关。

证券分析师是证券市场中重要的信息中介和信息生产者,证券分析师对 R^2(股价同步性)的影响也是研究的热点,许多学者进行了大量研究,如,Piotroski and Roulstone(2004)、Chan et al.(2006)研究发现,分析师对公司跟踪数量越多,公司股价同步性反而越高,其原因是:Piotroski and Roulstone(2004)认为财务分析师之间的行业联系和专业知识使他们能更好地解释和传播行业内所有公司共同的信息,从而改善了行业内信息流的传递,增加了股价中所反映的市场层面和行业层面的信息;Chan et al.(2006)认为在新兴市场上,由于公司信息披露质量不高,公司较低的透明度使得搜集公司特质信息的成本大幅增加,因此,证券分析师主要基于宏观经济信息进行盈余预测。国内学者基于中国市场的实证研究也没有得到一致的结论,如朱红军 等(2007)、姜超(2013)实证检验发现,证券分析师能够提高股票价格的信息含量,使其包含更多公司特质信息,从而降低股价同步性;冯旭南和李心愉(2011)却发现,由于中国上市公司透明度不高再加上个人能力所限,分析师所发布的研究报告较少反映公司特质信息,更多地反映来自市场层面的信息,使得分析师跟进数量与股价同步性正相关。

证券市场上交易者同样会影响 R^2(股价同步性)。证券市场上存在着不同类型的交易者(如机构投资者和个人投资者),不同类型的交易者在信息搜集与处理、交易理念与行为等诸多方面存在较大差异,反馈到股价上就会表现出不同的行为特征,从而也会对股价同步性产生影响。An and Zhang(2013)、潘婉彬 等(2013)等发现机构投资者持股比例的提高加速了股票价格对新信息的调整和吸收,提高了股票市场的信息效率;但许年行 等(2011)发现,在中国证券市场上,机构投资者存在的"羊群行为"会减少股价对私有信息的吸收,提高股价同步性。

3.3.3 R^2 的应用研究

R^2(股价同步性)主要应用在市场信息效率的测度方面。Morck et al.(2000)认为,如果个股的股价同步性较高,那么股价就很难充分体现公司层面信息。当股票市场具有较高效率的定价机制和筛选功能时,不同经营状况、不同发展前景的公司股价变动应当呈现多样化的特点,管理层或投资者才能通过股价变化差异将不同质量的公司和投资项目筛选出来,促进整个市场资本配置效率的优化。总体而言,这类文献普遍对股价同步性持否定观点,认为过高的股价同步性会产生消极的经济后果。

Durnev et al.(2003)研究了 R^2 与资产定价效率的关系。他们以美国上市公司为研究对象,建立了股票收益对公司未来会计盈余的回归模型,发现公司未来会计盈余对当期股价的反应系数具有高的解释能力,意味着,R^2 越低,股价反映的公司基本面信息越丰富,其收益包含了更多的有关未来会计盈余的信息,亦即公司股票同步性的差异归因于股票价格特质信息含量的差异。

Wurgler(2000)研究了 65 个国家的资源配置效率,发现除了国家对经济的干预程度、中小投资者的法律保护差异外,各个国家的股价同步性对于资源配置效率的高低也具有显著的解释作用。当同步性越低时,股价将包含更多的公司特质信息,价格作为信号传递机制的作用也将得以强化,有助于资源配置效率的改善。Durnev et al.(2003)分析了股价同步性与资本预算效率之间的关系,发现在 R^2 较低的行业,因公司决策而导致的价格变动能为管理者提供更有意义的信息,有助于抑制管理者投资不足或过度投资的倾向,提高资本预算效率,支持了 R^2 反映特质信息效率的观点。游家兴(2008)以中国 2001—2005 年上市公司为研究对象,分别从行业和公司两个层面考察市场信息效率与资源配置效率之间的关系,发现随着股价同步性的下降,资本更快地实现由低效率领域向高效率领域的转移,资源配置效率得到有效改善。

Defond and Hung(2004)从高管变更的角度分析了股价同步性与市场筛选机制的关系。在对 1997—2001 年 33 个国家上市公司的高管变更进行实证研究后发现,股价同步性越低的公司,高管因公司业绩下降而被更换的可能性越大,这一结果表明 R^2 越低,股价变动中公司特质信息含量越高,不仅有助于投资者甄别管理者经营水平的高低,而且可以强化董事会对管理者的监管机制,提高了公司治理制度的效率。Chen et al.(2007)认为,若股价同步性较低,公司层面信息对股票价格变动的影响较大,这很大程度上反映了市场对公司基本价值的判断,使得管理层在做出投资决策之前必须考虑市场的反应;在股价同步性较高的发展中国家股票市场中,由于股价变动更多地反映市场和行业信息,几乎与公司基本价值无关,因此,公司在决策时不需要考虑市场的反应;他们的实证检验也表明,在美国证券市场,股价同步性的提高将削弱公司投资决策对股票价格变化的敏感度。

Chun et al.(2008)从企业创新的角度研究了股价同步性的作用,发现行业层面的 R^2 与全要素生产率存在密切关联,即 R^2 越低的行业,其全要素生产率越高。Morck et al.(2000)认为,信息有效市场预示着公司基本面变动会增加公司特质收益变动,促使资本流向更加有效率,最终推动技术的进步和经济的增长。邓可斌和丁重(2010)以中国上市公司为研究样本,发现随着 R^2 的下降,公司技术创新产出表现有了显著的改善,支持了 Chun et al.(2008)的研究观点。

3.3.4 R^2 测度市场信息效率的有效性研究

R^2(股价同步性)应用的一个重要假设是 R^2 与公司特质信息含量密切相关,它是衡量信息效率的合理指标。根据 Roll(1988)的定价模型[式(3.1)],R^2 取决于市场与行业收益率及残差两个变量,市场与行业解释作用增强或残差影响减弱都会提高模型的拟合优度;反之亦然。然而,残差代表了除宏观层面公共信息之外所有的影响因素,即除了公司特质信息外,也包括噪声和非理性因素。因此,较低的 R^2 不一定意味着股价中含有较多公司特质信息,也可能是市场投机或噪声交易的结果。Morck et al.(2000)也承认,R^2 是噪声和信息共同作用的结果,只有在套利者交易行为活跃的市场,低 R^2 才意味着更多的公司特质信息含量。

R^2 到底反映的是公司特质信息还是噪声,它能否有效测度市场信息效率,引起越来越多学者的关注与质疑,逐步形成了"信息效率观"与"噪声基础观"两大学派。前者以 Morck et al.(2000)为代表,认为股价同步性反映了公司特质信息纳入股价的程度,股价同步性越低表明股价中包含的公司特质信息越多,市场信息效率越高;后者以 West(1988)为代表,认为较低的股价同步性更多反映的是股价中的噪声或与公司价值无关的投资者非理性行为,较低的股价同步性并不代表较高的市场信息效率。

"信息效率观"强调证券市场中信息的重要作用,证券价格的变化往往受增量信息驱动:如果增量信息的出现会导致股价同步性减少,那么 R^2 的高低理应与公司特质信息含量密切相关。增量信息表现为两种形式:一是信息数量的增多,二是信息质量的提高。关于信息量的增多对股价同步性的影响,Boudoukh et al.(2013)搜集了与公司相关的 190 多万篇新闻报道,并将交易日划分为消息日和非消息日,发现在消息日个股 R^2 的中位数为 28%,而在非消息日个股 R^2 的中位数仅为 16%,股价同步性反映了公司特质信息纳入股价的程度。黄俊和郭照蕊(2014)基于中国的实证研究发现,随着媒体报道的增多,更多公司层面信息融入股票价格,股价同步性会明显降低。Kim et al.(2014)发现,在新闻自由度越高的国家,股价同向变化程度越低。Dang et al.(2015)实证发现在新闻内容趋同化程度较高的国家,其股价同步性也较高。关于信息质量的提高对股价同步性的影响,Kim and Shi(2012)对国际财务报告准则实施的考察,发现随着各项加强信息披露政策的实施,股价同步性出现了明显的下降趋势。谢成博等(2012)对中国推行公允价值计量模式的考察也发现,随着公允价值计量模式的推行,信息披露质量的提高,股价同步性也在下降,这些支持了"信息效率观"。

"噪声基础观"认为 R^2 反映的是股票收益中的噪声或者投资者与公司基本面无关的非理性行为。股价中所包含的噪声越多,R^2 越低,投资者认知和行为模式也是决定股价同步性的重要因素。West(1988)将更低的 R^2 视为更多的噪声,认为股票价格的变化远远超过公司基本面信息所能解释的程度,即公司特质收益变化很大程度上与噪声相关。许多学者从实证方面分析了 R^2 与信息效率指标之间的关系,以检验 R^2 测度信息效率的有效性。也就是说,如果较低的 R^2 意味着更多的信息含量,那么信息效率越高的公司其 R^2 理应更低。例如，Li et al.（2014）实证研究发现低 R^2 与知情者交易概率、买卖价差、价格延迟、非流动性水平、流动性风险等信息环境代理指标负相关，支持了"噪声基础观"假说。Chan and Chan（2014）以股票增发定价事件为切入点检验股价同步性与信息含量之间的关系，发现股价同步性与股票增发折价程度存在显著的负向关系，这是"信息效率观"无法解释的。Alves et al.（2010）发现同一个国家的 R^2 会随着年份的推移发生剧烈变化，这意味着 Morck et al.（2000）的产权保护观点很难解释 R^2 时序上起伏不定的现象，因为一个国家对投资者的产权保护是相对稳定的，因此，他们认为从国家宏观层面来看，R^2 作为信息环境质量的评价指标是难以让人信服的；Sing et al.（2015）指出在欠发达国家，公司互依共存的紧密程度要远远高于发达国家，无形中就大大提高了股价同步性，因此，他们认为国家之间 R^2 差异更有可能是市场结构特点不同导致的结果，而不是信息流驱动的结果（Morck et al.，2000）。

另外，将股价非同步性作为市场信息效率的指标，在实证研究中却得到了相互矛盾的结论：如 Morck et al.（2000）发现，日本、意大利、希腊和西班牙 4 个发达市场的股价非同步性较低，这与其提出的发达市场具有良好信息环境，从而具有较高非同步性的观点不一致；Skaife et al.（2014）发现在德国和美国，股价非同步性与市场信息效率（即股价中的信息含量）负相关，而在英国、法国、澳大利亚和日本 4 国，两者之间没有显著相关关系。Lee and Liu（2011）从理论和实证两个方面研究发现，股价非同步性和股价特质信息含量之间存在 U 形关系或负相关关系，而非简单的线性关系；Kelly（2014）发现股价同步性不能反映公司特质信息融入股价的程度，因此不能有效测度股价信息含量。

在中国，关于 R^2 信息效率观也受到了许多学者的质疑。例如，孔东民和申睿（2008）发现中国股市的 R^2 似乎在更大程度上体现了市场噪声而非信息效率；王亚平 等（2009）发现当中国上市公司信息透明度越高时，股价同步性反而更高，预示着较低的股价同步性与较高的信息噪声相关。张永任和李晓渝（2010）、林忠国 等（2012）等发现在中国证券市场，同步性高低与信息含量大小之间并不存在简单线性关系，而是呈现 U 形或倒 U 形的非线性关系，暗示了同步性不是信息或噪声变量的单调递增函数；冯用富 等（2009）认为 R^2 不能作为量化定价效率的可靠指标，但可作为私有信息套利的度量指标。

在投资者行为方面，Barberis et al.（2005）发现当股票被纳入（或被剔除）标准普尔 500 指数后，公司的基本价值虽然没有发生质的变化，但股价与大盘的联动性有了明显的上升（或下降），这种现象很难用信息效率观来解释，更多的与投资者的情绪或市场摩擦相关。Peng and Xiong(2006)认为注意力的有限性会导致投资者采用分类学习模式,即投资者会将有限注意力更多地分配在市场和板块层面的信息上,忽视了公司层面的信息,从而导致股价变动呈现与大盘同步的特征。Kumar and Lee(2006)发现在情绪的作用下,散户交易行为具有较强的模仿性和传染性,同时买入或同时卖出,极大地推动了股票价格的"同涨同跌",说明散户情绪是影响股票价格同步性的一个重要因素。Hou et al.(2013)发现 R^2 较低的股票将表现出中期价格动量效应和长期价格反转效应,这意味着低的 R^2 反映的是市场信息的非有效;许年行 等(2011)认为投资者的"群体极化"偏差和"狂热"或"恐慌"信息之间的交叉导致股价同步性在牛市与熊市不同阶段上呈现不同的表现形式,是信息与心理行为互动关系对 R^2 影响的体现。

总之,自 R^2(股价同步性)用于测度市场信息效率以来,人们从不同视角研究了 R^2 的生成机制、影响因素、R^2 的应用及存在的问题,取得了丰硕成果,极大地拓展了传统研究对信息传递机制和股价行为特征的理解与认识。总结起来,学术界在以下 3 个方面取得了比较一致的结论:

(1)新兴市场的同步性明显高于发达市场,但它们的股价同步性都随着时间推移呈现下降趋势。

(2)在 R^2 影响因素方面,制度建设、信息环境、市场特征等会对国家间同步性差异有显著的解释作用,制度越完善、信息环境越好、市场规模越大,该国证券市场的 R^2 越小。公司治理变量和投资者行为会对公司间股价同步性差异有显著的解释作用,公司治理机制越有效、投资者行为越理性,公司股价的 R^2 越小。

(3)较大的 R^2 缩小了公司在股价上的个性化差异,弱化了证券市场对公司的筛选机制,损害了公司激励约束机制和资源配置效率。

但有些问题,仍然没有得到很好的解决,如:

(1)R^2(股价同步性)的来源问题

R^2(股价同步性)是源于信息还是噪声? 更低的 R^2 是噪声使然还是股价吸收了更多公司的特质信息,目前"信息效率观"与"噪声基础观"两个学派,谁也没有说服谁。已有很多研究陷入这样一个误区,即将 R^2 视为一个纯粹的信息效率量化指标,低 R^2 要么表示信息多要么表示噪声多。

(2)股价同步性与市场信息效率之间存在什么关系? 存在这些复杂关系的原因是什么?

根据上面的研究文献,股价同步性(R^2)是包括噪声和信息的复杂指标,与信息效率之间不存在单调的线性关系,那么股价同步性(R^2)与信息效率指标存在什么样的非线性关系?导致这些复杂关系的原因是什么?是值得进一步研究的问题。

(3)如何分离 R^2 中公司特质信息的影响?

由于股价同步性(R^2)是噪声和信息共同影响的结果,因此,如何剥离 R^2 中公司特质信息的影响,是有效测度市场信息效率的关键,也是值得研究的重要问题。

(4)R^2(股价同步性)是否可以有效测度市场信息效率?在什么情况下,股价同步性可以有效测度市场信息效率?

如果股价同步性(R^2)与信息效率指标不存在单调的线性关系,则 R^2(股价同步性)是否可以有效测度市场信息效率就值得怀疑。那么,在什么情况下,股价同步性可以有效测度市场信息效率也是值得进一步研究的问题。

(5)除上面影响 R^2 的因素外,可能还有其他影响 R^2 的因素,如文化与政治是否影响了 R^2?以风险厌恶程度为例,当一个社会风险厌恶程度普遍较高时,投资者害怕独立做出决策而倾向模仿他人,这种趋利避害的心理会导致决策行为的趋同性,因此,在风险厌恶程度较高的国家,股价同步性有可能比较高。再如,政治因素会影响经理人行为和企业财务决策,使得投资者在决策时会考虑政治因素,这又会反馈到股价的行为变化上,影响股价同步性;即政治事件会导致公司基本面发生系统性变化,而投资者会预期这一点并做出集体行动,从而可能导致高的股价同步性。

本书的后续章节主要研究这里的第(2)、(3)及(4)的问题。

3.3.5 特质波动率的应用研究

根据上文分析,公司特质波动率与股价非同步性具有本质上的一致性,因此其应用及影响因素的研究也具有相同性。

根据资本资产定价模型,股票期望收益主要取决于系统风险。股票特质波动率反映的是股票收益中不能由资本资产定价模型解释部分的波动情况,反映了与市场因素无关的公司层面信息。如果股票特质波动率主要由公司特质信息引起,那么,股票特质波动率越大,公司特质信息融入股价中的数量越多,市场信息效率越高,因此,可以用股票特质波动率占股票收益波动率的比例测度市场信息效率。另外,特质波动率作为一种风险是否影响股票收益率,也是学者们研究的热点。例如,Han and Lesmond(2011)认为在控制股票流动性对股票特质波动率估计的影响后,股票特质波动率对股票收益率没有显著影响;Cao and Han(2013)发现以高特质波动股票为基础资产的期权收益率显著低于以低特质波动股票为基础资产的期权的收益率。左浩苗 等(2011)发现中国股票特质波动率与截面收益率存在显著负相关关系,认为这与中国股票市场存在卖空限制以及投资者具有异质性有关。

在公司特质波动率影响因素方面,De Long et al.(1990)认为,股票特质风险的增加可能是由于公司基本面信息更好地反映到股价中,也可能是由于投资者的非理性投资造成的噪声交易。Campbell and Kyle(1993)也发现,投资者的噪声交易也是造成公司股票特质波动的重要因素。Lee and Liu(2011)构建了一个带噪声的多期理性模型,研究股票特质波动与信息含量之间的关系,发现股票特质波动与股票价格中的信息含量呈 U 形关系,即在信息透明度较高的股票市场中,信息含量的增加将导致股票波动的增加,而在噪声较多的股票市场中,信息含量的增加将导致股票波动的减少。Jiang et al.(2009)实证研究发现,在加入公司未来盈余信息作为控制变量后,公司特质波动对公司未来收益的影响变得不显著,从而指出公司特质波动对股票收益的预测作用主要来自其中包含的关于公司未来盈余的信息。陈浪南和熊伟(2014)研究发现,中国股票特质波动的增加,并不能表示股票市场反映上市公司内在价值的有效性和及时性提高,投资者非理性投资造成的噪声交易是中国股票特质风险变动的主要原因。

尽管有大量关于特质波动率应用及影响因素的研究文献,但由于其与股价非同步性具有一致性,因此,上述有关 R^2(股价同步性)存在的问题,特质波动率在应用中同样存在。

3.3.6　PIN/VPIN 的应用研究

Easley et al.(2002)首先应用 EKOP 模型估计出知情交易概率,来检验知情交易对资产定价的影响。此后,各种估计知情交易概率的参数和非参数估计模型陆续出现(Easley et al.,2008;Easley et al.,2012;Paparizos et al.,2016),并且在市场微观结构研究中得到了广泛运用(Chung et al.,2005;Aktas et al.,2007;Abad et al.,2018)。其中,Easley et al.(2012)提出的 VPIN 模型通过计算若干交易量时间段内的交易量不平衡程度来测度知情交易概率,简化了 EKOP 模型的估计程序。

近年来,国内学者采用 EKOP 模型测度了中国证券市场中的知情交易概率,并考察了其与买卖价差、流动性以及波动性等微观结构变量之间的关系(李朋和刘善存,2006;屈文洲 等,2011;才静涵和夏乐,2011)。同时,部分学者也提出了改进的 EKOP 模型(郑振龙和杨伟,2009;杨宝臣 等,2014;熊春连 等,2015)。然而,关于知情交易概率在资产定价方面的研究,国内外现有的实证结果却存在截然不同的结论。Easley et al.(2002)将 EKOP 模型估计得到的 PIN值作为风险因子放入 Fama-French 的三因素定价框架中,发现 PIN 因子显著为正影响了证券的预期收益率,即 PIN 值越大,投资者所要求的预期收益(风险补偿)越高,符合理论预期。与国外文献的结论不同,韩立岩 等(2008)、刘莎莎 等(2011)的实证检验表明,同样基于 Fama-French 的三因素定价框架,在中国股票市场上,知情交易概率作为定价因子对预期收益率产生的却是负效应或是不存在解释力。

李平 等(2020)提出了一种测度知情交易概率的新方法:VWPIN 模型。按照物理时间将交易日分为若干个交易时段,计算该时段交易量占全天交易量的比例(ω_i),然后通过对订单不平衡程度进行加权平均,提出如下基于物理时间交易量加权的知情交易概率(Volume‐Weighted Probability of Informed Trading,VWPIN)模型。

$$VWPIN = \frac{\mu\alpha}{\varepsilon_s + \varepsilon_b + \mu\alpha} \approx \sum_{i=1}^{n} \omega_i \frac{|S_i - B_i|}{S_i + B_i} \qquad (3.10)$$

其中,S_i 和 B_i 分别表示第 i 个交易时段内的卖单数量和买单数量,ω_i 为该时段交易量占全天交易量的比例。

李平 等(2020)实证研究发现,如果是测度个股每日的知情交易概率,采用VWPIN 模型得到的估计值与采用 EKOP 模型和 VPIN 模型估计的结果在变化趋势上相同;如果考察个股知情交易概率的日内变化情况,当价格出现急剧下跌时(特别是熊市情况下),VWPIN 的估计值会提前急剧上升,说明指令流中的毒性较大,投资者面临的逆向选择风险较高。另外,他们发现了与国内已有研究不同的结论,即 VWPIN 因子显著为正影响了股票的预期收益率,符合理论预期。

由于 PIN 和 VPIN 测度的是知情交易概率,因此,有部分研究者将其作为市场中信息公开程度或信息量的代理指标,也有学者将其作为股价中信息含量的代理指标使用,如 Lee and Liu(2011),林忠国 等(2012);也有学者直接用 PIN 和 VPIN 测度市场信息效率指标。将 PIN 和 VPIN 直接测度市场信息效率指标存在的问题,见本章 3.2.2 部分。

3.4　本章小结

本章首先根据市场信息的传导过程,从信息反应、信息传递、信息披露这 3 个方面分析了市场信息效率测度的各种理论与方法,重点分析了 R^2、股价(非)同步性、特质波动率及 PIN 等度量指标,研究了各种理论之间的关系,并对各种市场信息效率测度指标进行了综合评价,指出了这些指标存在的不足,为本书设计新的风险计量指标奠定了基础。

其次,对市场信息效率测度理论的应用现状进行了全面回顾。由于股价同步性(R^2)是目前测度市场信息效率的主要指标,因此,本章重点对股价同步性(R^2)的应用现状进行分析,包括 R^2 的影响因素、股价(非)同步性指标的应用及测度市场信息效率的有效性研究等,指出了目前仍然没有很好解决的问题及进一步研究的重点,为后续研究指明了方向。

4　市场对单信息的反应方式：
信息与其市场贡献度

4.1　引　言

有效市场理论认为,市场信息效率体现在资产价格对信息的反映程度上,因此,要研究市场信息效率,首先要分析资产价格对信息的反映方式,已有文献也多是从市场信息冲击时资产价格动态变化角度研究市场信息效率(如,彭叠峰 等,2015;陈强 等,2016;Daniel et al. ,1998;Kovacs et al. ,2016),并得出信息对资产均衡价格及期望收益有影响的结论。但影响程度多大,如何定量测度这种影响程度,目前仍没有直接测度指标。已有研究虽然认为市场会对信息做出各种反应,但没有详细分析市场对信息的反应方式。

现有研究大多假设投资者完全理性,较少研究投资者在有限理性情况下,金融市场对信息的反应方式;另外,在所有的相关研究中都假定信息与噪声相互独立,但实际上,它们之间存在此消彼长的关系。有些文献说明信息预测精度对市场信息效率有重要影响,但缺乏从理论角度直接研究信息预测精度与市场信息效率的关系;更没有文献研究在交易者有限理性条件下,信息预测精度对市场信息效率的影响。

为此,本章首先对市场交易模型进行设定,分析了单市场信息冲击的过程及均衡价格的形成;其次,从市场信息效率的角度,提出了信息市场贡献度指标;再次,分析了单信息与信息市场贡献度的关系;最后,分析了其他因素对信息与信息市场贡献度关系的影响。

4.2 市场交易模型

4.2.1 金融市场设定

金融市场是一个复杂系统,其动态变化往往受到各种信息[①]冲击的影响。市场有效性的核心是价格对信息的反映能力,信息可以看作是决定资产价格的最重要因素。

当市场上发布新信息时,由于交易者获取信息的渠道、对信息处理能力等不同(丁慧 等,2018;刘霞 等,2021),会导致其获取及利用信息交易的时间、策略等不同,从而产生异质性问题。对市场交易者进行分类,是刻画金融市场中交易者异质性的常见做法。Easley and O'Hara(1987)将证券市场参与者分为知情交易者和非知情交易者两类以反映交易者对信息反应的差异。Hong and Stein(1999)假定市场存在信息观察者和动量交易者,研究信息冲击如何引起市场价格短期反应不足与长期反应过度。Goldstein and Yang(2015)假定交易者均为理性交易者,并分为知情交易者、非知情交易者和噪声交易者,研究了交易者进行交易和信息获取中战略互补性的来源:基于一个基本面信息的积极交易减少了基于另一个基本面信息交易的不确定性,鼓励更多关于该基本面的交易和信息获取。陈强 等(2016)将交易者分为知情交易者、非知情交易者和流动性提供者 3 类,分析当证券市场中出现信息冲击后各类市场参与者之间的反应行为和市场的动态变化特征。李洋 等(2020)将交易者分为信息交易者和噪声交易者,并将信息交易者进一步分为完全理性交易者和有限理性交易者,研究了信息披露质量与价格发现效率的均衡关系。虽然这些文献对交易者的分类存在术语上的差异,但本质上是一致的,主要分为知情交易者、非知情交易者和流动性提供者。其中,知情交易者依照私有信息(仅被知情交易者所知)进行交易,又称内幕交易者;而非知情交易者不知道该信息,依据价格变动进行交易,相当于噪声交易者;流动性提供者则主要为市场出清、形成市场均衡价格所需而设立。资产价格中的信息主要是通过知情交易者带来,当知情交易者获取信息后,通过调整其交易策略使信息进入股价。

本章旨在从理论上研究金融市场对信息反应的动态机理,分析信息与其市场贡献度的动态变化,因此,建立一个一般化的模型框架进行理论分析尤为重要。

[①] 由于本章主要研究市场对信息的反应方式,即信息与其市场贡献度的关系,因此,这里不对信息类型做区分。

参考 O'Hara(1995)、陈强 等(2016),首先建立一个包含一种风险资产 3 类交易者的两期顺序交易模型来演化一个信息进入市场后市场价格变动的过程。假定该风险资产的期末清算价值为 V,且满足 $V \sim N(v, 1/p_v)$,其中方差的倒数 ρ_v 体现了资产清算价值的预测精度,各交易者的预测精度相同。设风险资产的初始价格 $P_0^s = v$。3 类交易者分别为知情交易者、非知情交易者和流动性交易者,各类交易者均在预算约束下追求其期望财富效用最大化。为了反映交易者的有限理性,这里假设知情交易者为有限理性[①]。有限理性交易者是指当市场出现信息时存在认知偏差,不仅会误解信息的方向,而且会对信息的预期精度产生系统偏差,市场中常见的对信息反应过度或反应不足即是有限理性交易行为所致。完全理性交易者对信息采取一致无偏方式进行交易,即"反应适度"。为反映交易者有限理性,本书定义了信息反应系数(φ),当 $\varphi > 1$、$0 < \varphi < 1$ 及 $\varphi = 1$ 时,分别表示知情交易者对信息反应过度、反应不足和反应适度,前两者为有限理性交易、后者为完全理性交易。本书假设非知情交易者不能直接观测到与资产清算价值有关的信息,但可观察到由知情交易者交易行为及噪声交易导致的资产价格变动,并以此价格变动进行交易。噪声交易是指基于噪声的交易,噪声是指与资产价值无关的各类信息,如各种小道消息、流言传闻等;噪声交易也会对资产价格产生影响(Black,1986)。为提供市场出清、形成资产均衡价格,本书亦设立流动性交易者。

根据行为金融理论,有限理性交易者受认知偏差的影响,不能以完全理性的方式形成预期,但他们仍然以期望财富效用最大化为行为准则(李洋 等,2020)。

假定 3 类交易者都具有常数绝对风险厌恶(CARA)的效用函数[②]:

$$u(W_t) = -\exp(-W_t/\tau) \tag{4.1}$$

其中,$1/\tau$ 表示风险厌恶系数,假定各交易者的风险厌恶系数相同,W_t 表示财富数量,且服从正态分布。

假定知情交易者、非知情交易者的初始资产头寸分别为 A_0^I、A_0^U。在知情交易者获知信息的条件下,一个具有资产期末清算价值的信息 δ 服从:$\delta | V \sim N(V, 1/\rho_\delta)$,其中 ρ_δ 体现了完全理性知情交易者对信息的预测精度[③],当信息

---

① 知情交易者为信息的获取者与交易者,其对信息的反应直接体现了市场对信息的反应,因此本章只假定知情交易者为有限理性。有限理性交易者对信息的反应表现为"反应不足"或"反应过度"。

② 更一般的假设是 3 类交易者的风险系数不同,但此变化不影响最终的均衡价格走势,只是各市场均衡出清时间发生变化。同时,出于简化目的,假定流动性交易者是短视的,因此,不考虑其交易策略对资产定价的影响。

③ 预测精度为信息预测方差的倒数,反映了交易者对信息的把握程度。一般假设,交易者对信息的预测服从正态分布(O'Hara,1995)。

的预测精度很低,尤其是当 $\rho_\delta \to 0$ 时,所发布的信息对交易者很不明确,是一个不具有价值的信息。非知情交易者不知道该信息,只依据价格变动进行交易。

为了分析市场对信息的反应,本章参考陈强 等(2016)的做法,采用知情交易者数量变化来衡量市场信息的公开程度。假定针对某个信息的已有知情交易者总数为 π,即认为市场信息公开程度为 π。为了便于分析,将知情交易者和非知情交易者的总数正规化为 1,π 表示正在参与交易的知情交易者比重($0 \leqslant \pi \leqslant 1$)。当 $\pi = 0$ 时,表明市场信息为 0 或市场知情交易者比例为 0,此时市场中没有信息发布,或知道该信息的人不参与交易,那么此信息对资产价格的影响为 0,不会对市场造成任何冲击;当 $\pi = 1$ 时,信息已完全公开,市场中的交易者全为知情交易者,该信息被市场完全消化,即信息已完全融入资产价格中。

4.2.2 市场信息冲击

为了分析一个信息冲击后的市场动态特征,首先需要明确信息冲击的价格传导机制。由于资产价格中的信息主要是通过知情交易者带来的,因此,知情交易者获取信息后通过调整其交易策略进行交易,使得信息进入价格,资产价格发生变动。非知情交易者不知道该信息,但可以从资产价格变动(知情交易者交易行为导致)中观察到,从而依据价格变动进行交易,进一步导致价格变动。流动性交易者则主要充当知情和非知情交易者的对手方,提供市场出清,形成均衡价格。

参考陈强 等(2016),一个信息冲击的市场价格传导过程(见图 4.1)如下:

首先,各类交易者对风险资产期末清算价值进行先验判断。

其次,信息冲击导致风险资产价格变动。知情交易者获得信息,并对信息解读,对清算价值做出后验判断,采取交易行为,导致风险资产价格变动。

再次,风险资产价格进一步变动。知情交易者交易行为导致的风险资产价格变动,被非知情交易者捕获,并对价格变动解读,对清算价值做出后验判断,采取交易行为,导致风险资产价格进一步变动。

最后,流动性提供者出清市场,形成均衡价格,期末清算价值实现。与之对应的交易者交易流程:第一期,知情交易者获得信息 δ,对资产清算价值形成后验判断,然后,选择其最优交易量,流动性提供者作为对手方出清市场,进而形成第一期的均衡价格 P_1^S;第二期,非知情交易者通过观察价格变动推测资产清算价值,形成他的后验判断,选择其最优交易量,流动性提供者作为对手方出清市场,进而形成第二期均衡价格 P_2^S;接着资产清算到期,资产价格 P_3^S 实现其清算价值,即 $P_3^S=V$,市场均衡。由于本章主要考察资产价格受市场信息的影响特征,因此主要关注前两期风险资产价格(P_1^S,P_2^S)的变化。

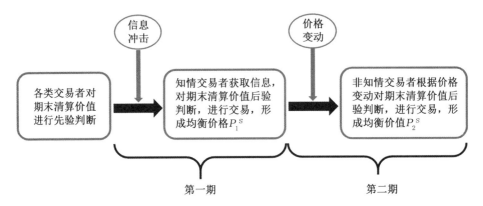

图 4.1　信息冲击的市场价格传导过程

通常情况下,随着时间发展,市场中会有越来越多的非知情交易者变成知情交易者(即 π 增大),亦即市场信息公开程度会逐渐增加。本章通过采用市场信息公开程度逐渐增大的方法刻画市场对信息反应的动态过程。需要指出的是,由于知情交易者的决策行为并不会受到当期或过去的市场价格变动等信息的影响,因此,由非知情交易者的交易行为所导致的市场价格变动,不会影响当期知情交易者的决策行为。

4.2.3　市场均衡价格

假定风险资产市场出清价格为 P_t,出清头寸为 Q_t,则 Q_t 应等于知情和非知情交易者交易量之和的相反数,流动性提供者的财富数量为:

$$W_t=Q_t(V-P_t)$$

根据 Subrahmanyam(1991)[①],在竞争性市场中,流动性提供者在各期出清市场达到均衡时的期望财富效用为 0,由此可以得到市场出清方程:

$$E[Q_t(V-P_t)]-\frac{\mathrm{Var}[Q_t(V-P_t)]}{2\tau}=0 \tag{4.2}$$

市场均衡价格为:

---

① 当交易者具有 CARA 效用函数时,其财富效用最大化 $\mathrm{Max}[u(W_t)]$,等价于 $\mathrm{Max}[E(W_t)-\frac{1}{2}\gamma\mathrm{Var}(W_t)]$,其中,$\gamma$ 为风险规避系数,W_t 表示财富数量。

$$P_t = v - \frac{Q_t}{2\tau\rho_v} \tag{4.3}$$

由式(4.3)可知,均衡价格 P_t 与以下 4 个因素有关:

一是风险资产期末清算价值 V 的期望值 v,其与市场真实信息有关;

二是流动性提供者的出清头寸 Q_t;

三是交易者对信息的预测精度 ρ_v;

四是投资者风险厌恶系数 τ。

事实上,除以上 4 个主要因素外,市场中的噪声也会对市场均衡价格造成一定的影响(如 Black,1986),因此,当市场出现信息 δ,同时含有噪声 ε 时,资产价格将会受到信息与噪声的共同影响。噪声会使风险资产期末清算价值 V 对资产价格的影响下降。

为同时反映知情交易者的有限理性及噪声对风险资产价值的影响,本章参考 O'Hara(1995)、Zhou and Zhen(2021),通过对信息添加反应系数的方法,得到在交易者有限理性条件下市场价格形成的机制[①]。对信息添加反应系数后,市场价格的形成机制可用式(4.4)的线性关系描述:

$$P_t = \alpha v + \beta(\varphi\delta + \varepsilon) - \lambda Q_t \ , \ \varepsilon \sim N\left(0, \frac{1}{\rho_\varepsilon}\right) \tag{4.4}$$

其中,$\lambda = \frac{1}{2\tau\rho_v}$,$\alpha$ 与 β 为市场均衡状态决定的斜率系数,$1/\rho_\varepsilon$ 为噪声的方差,假定信息 δ 与噪声 ε 相互独立。φ 为信息反应系数。

在知情交易者有限理性条件下,一个对应于资产期末清算价值的信息表现为 $\varphi\delta$,$\varphi\delta|V \sim N\left(\varphi V, \frac{\varphi^2}{\rho_\delta}\right)$,$\varphi\delta \sim N\left(\varphi v, \frac{\varphi^2}{\rho_v + \rho_\delta}\right)$。可以看出,反应不足($0 < \varphi < 1$)的交易者会使信息带来的资产价格波动减小;而反应过度($\varphi > 1$)的交易者则会使信息带来的资产价格波动变大。

根据理性预期理论,未预期到的信息发布会对市场造成较大冲击,而完全预期到的信息不会引起市场反应,因此,对最后获取该信息的交易者而言,该信息不具有任何价值[②]。知情交易者对信息的预期表现为信息预测方差(O'Hara,

---

[①]　根据 O'Hara(1995),完全理性条件下的资产市场价格形成机制为 $P_t = \alpha v + \beta(\delta + \varepsilon) - \lambda Q_t$。为反映有限理性交易者对价格的影响,本章根据知情交易者对信息反应的不同,通过对信息添加反应系数的方法,得到知情交易者有限理性条件下的市场价格形成的机制。

[②]　需要说明的是,无论交易者是否为有限理性,未预期到的消息发布均会对市场造成较大冲击,而完全预期到的消息不会引起市场反应。

1995),暗含了信息价值,信息预测方差越小,信息价值越大。对于第一个获知该信息的交易者,可认为其信息预测精度最高;对于最后获知该信息的交易者,对此信息的预测精度趋于 0。为此,在市场存在异质性交易者($0<\pi<1$)和知情交易者有限理性的条件下,一个对应于资产期末清算价值的信息 $\varphi\delta$ 的分布可修正为:

$$\varphi\delta|V\sim N\left(\varphi V,\frac{\varphi^2}{(1-\pi)\rho_\delta}\right),\varphi\delta\sim N\left(\varphi v,\frac{\varphi^2}{\rho_v+(1-\pi)\rho_\delta}\right)$$

根据前景理论,有限理性交易者在亏损或盈利时分别表现为风险偏好或风险厌恶,且高估或低估风险资产价值,可见有限理性交易者受自身心理偏差影响的主要表现是对风险资产价值认知的不同。参考 Banerjee et al.(2018)、刘霞 等(2021),本章亦假设交易者不认为自身存在信息偏差,仍按照贝叶斯法则对其获知的信息做出反应。同时,非知情交易者不能直接获取信息,不存在其对信息的认知偏差,本章仍设定非知情交易者按照贝叶斯法则对其基于价格变动所推断的信息做出反应。因此,知情交易者获得信息 δ 后,结合市场信息的公开程度,依据贝叶斯法则对其原来的资产清算价值预期进行修正,从而得到其对资产期末清算价值的后验判断为:

$$V|\delta\sim N\left(\frac{\rho_v v+(1-\pi)\rho_\delta\varphi\delta}{\rho_v+(1-\pi)\rho_\delta},\frac{\varphi^2}{\rho_v+(1-\pi)\rho_\delta}\right) \tag{4.5}$$

由式(4.5)可以发现,有限理性交易者对信息反应程度的不同会使风险资产期末清算价值不同,这与 Ingersoll and Jin(2013)、李洋 等(2020)基于前景理论,依据交易者风险偏好对风险资产期望价值做出的调整一致。

根据 O'Hara(1995),对非知情交易者而言,虽然他们知道知情交易者的交易会对价格产生影响,但是不能从价格变动中区分出真实信息与市场噪声的影响。定义其通过对价格变动所推断的信息为如下随机变量:

$$\theta=\frac{P_t-\alpha v}{\beta}=\varphi\delta-\frac{\lambda}{\beta}Q+\varepsilon \tag{4.6}$$

其中,$\theta|V\sim N(V,1/\rho_\theta)$,$1/\rho_\theta=\varphi^2/\rho_\delta+(\lambda/\beta)^2(1/\rho_x)+1/\rho_\varepsilon$,$1/\rho_x$ 为金融市场上资产随机供给的方差。因此,可以得到非知情交易者对期末资产清算价值后验判断为:

$$V|\theta\sim N\left(\frac{\rho_v v+\rho_\theta\theta}{\rho_v+\rho_\theta},\frac{1}{\rho_v+\rho_\theta}\right) \tag{4.7}$$

由式(4.6)、(4.7)可以发现,知情交易者对信息的反应程度 φ 会影响非知情交易者所推断信号的大小,也会影响非知情交易者对信号精度的预测。知情交易者对信息的反应程度越大,非知情交易者所推断的信号越大。

这样，根据一个信息冲击的市场价格传导过程，当知情交易者获得信息 δ 后，会对资产期末清算价值形成后验判断，最大化其期末财富量，然后确定其最优交易量 X_1^{Is}。其最优化问题[①]为：

$$\underset{X_1^{Is}}{\text{Max}}E_1\left[-\exp\left(-\frac{W_3^I}{\tau}\right)\right] \tag{4.8}$$

$$s.t.\ W_3^I-W_1^I=A_0^I(P_3^{Is}-P_0^s)+X_1^{Is}(P_3^{Is}-P_1^s) \tag{4.9}$$

$$P_3^{Is}=V\mid\delta\sim N\left(\frac{\rho_v v+(1-\pi)\rho_\delta\varphi\delta}{\rho_v+(1-\pi)\rho_\delta},\frac{\varphi^2}{\rho_v+(1-\pi)\rho_\delta}\right) \tag{4.10}$$

其中，W_1^I 表示知情交易者第一期的财富数量，W_3^I 表示知情交易者期末财富数量，P_3^{Is} 为知情交易者对资产清算价值的后验判断价格，则 $W_3^I-W_1^I$ 为知情交易者的财富增量。根据流动性提供者的交易行为［式(4.2)］，可得到市场在第一期的均衡定价方程为：

$$P_1^s=v+\frac{\pi X_1^{Is}}{2\tau\rho_v}$$

从而求解该优化问题可得：

$$X_1^{Is}=\frac{\rho_v}{(\varphi^2+\pi)\rho_v+\pi(1-\pi)\rho_\delta}\bullet(\tau(1-\pi)\rho_\delta(\varphi\delta-v)-A_0^I) \tag{4.11}$$

同时，流动性提供者出清市场，从而形成知情交易者交易所引致的均衡价格为：

$$P_1^s=v+\frac{\pi(\tau(1-\pi)\rho_\delta(\varphi\delta-v)-\varphi^2A_0^I)}{2\tau((\varphi^2+\pi)\rho_v+\pi(1-\pi)\rho_\delta)} \tag{4.12}$$

由式(4.11)、(4.12)可以发现，知情交易者对信息的反应程度 φ 会影响非知情交易者所推断信号 θ 的大小，也会影响非知情交易者对信号精度的预测。知情交易者对信息的反应程度越大，非知情交易者所推断的信号越大。

采用同样的方法可确定非知情交易者最优交易量及对应的均衡价格。非知情交易者通过观察资产价格变动推测资产期末清算价值，形成其后验判断，最大化其期末财富量，从而确定其最优交易量 X_2^{Us}。其最优化问题为：

$$\underset{X_1^{Us}}{\text{Max}}E_2\left[-\exp\left(-\frac{W_3^U}{\tau}\right)\right] \tag{4.13}$$

$$s.t.\ W_3^U-W_2^U=A_0^U(P_3^{Us}-P_1^s)+X_2^{Us}(P_3^{Us}-P_2^s) \tag{4.14}$$

---

① 此最优化模型参考陈强 等(2016)，具体求解过程可参考其推导过程，这里不再赘述，下同。

$$P_3^{U_s} = V \mid \theta \sim N\left(\frac{\rho_v v + \rho_\theta \theta}{\rho_v + \rho_\theta}, \frac{1}{\rho_v + \rho_\theta}\right) \tag{4.15}$$

其中,W_2^U 表示非知情交易者第二期财富数量,W_3^U 为非知情交易者期末财富数量,$P_3^{U_s}$ 为非知情交易者对资产清算价值的后验判断价格,$W_3^U - W_2^U$ 为非知情交易者的财富增量。根据流动性提供者的交易行为[式(4.2)],可得到市场在第二期的均衡定价方程为:

$$P_2^s = \frac{\rho_v v + \rho_\theta \theta}{\rho_v + \rho_\theta} + \frac{1}{2\tau(\rho_v + \rho_\theta)} \cdot (\pi X_1^{I_s} + (1-\pi)X_2^{U_s})$$

从而求解该优化问题可得:

$$X_2^{U_s} = -\frac{\pi X_1^{I_s} + 2A_0^U}{4 - 2\pi} = -\frac{\pi(1-\pi)\tau\rho_v\rho_\delta(\varphi\delta - v) - \pi\rho_v A_0^I}{(4-2\pi)((\varphi^2 + \pi)\rho_v + \pi(1-\pi)\rho_\delta)} - \frac{A_0^U}{2-\pi} \tag{4.16}$$

流动性提供者出清市场,形成非知情交易者交易引致的均衡价格为:

$$P_2^s = \frac{\rho_v v + \rho_\theta \theta}{\rho_v + \rho_\theta} + \frac{1}{2\tau(\rho_v + \rho_\theta)} \cdot \left(\frac{\pi(3-\pi)\rho_v(\tau(1-\pi)\rho_\delta(\varphi\delta - v) - \varphi^2 A_0^I)}{2(2-\pi)((\varphi^2 + \pi)\rho_v + \pi(1-\pi)\rho_\delta)}\right.$$
$$\left. - \frac{(1-\pi)A_0^U}{2-\pi}\right) \tag{4.17}$$

由式(4.17)可知,知情交易者对信息的反应程度 φ、预测精度 ρ_δ 对 P_2^s 的影响较为复杂。对于 φ,在分子中含有 φ 的一次项(系数为正)和二次项(系数为负),分母中含有 φ 的二次项(系数为正),因此,在交易者有限理性条件下市场均衡价格形成具有不确定性。对于 ρ_δ,分子分母中均含有 ρ_δ 的一次项,不容易化简,且均受到有限理性条件的影响,因此,知情交易者的信息预测精度对市场均衡价格的形成也具有不确定性。

4.3 信息市场贡献度:市场对单信息的反应程度

当一个信息进入市场后,市场如何对其反应体现在资产价格对信息的反应程度,即市场信息效率上。对市场信息效率的测度,许多学者从多个方面提出了度量指标。在信息反应方面,Roll(1988)和 Morck et al.(2000)分别提出了 R^2 及股价(非)同步性指标,部分学者应用特质波动率测度信息效率(Kelly,2014),从本质上看,R^2 与特质波动率具有同质性(参考第 3 章);在信息传递方面,可通过机构持股比例(张永任和李晓渝,2010;Kacperczyk et al.,2021)、PIN和 VPIN(林忠国 等,2012)等衡量;在信息披露质量方面,可通过上海、深圳证券交易所公布的上市公司信息披露质量评级(肖土盛 等,2017)衡量。有些指标间接度量市场信息效率,如机构持股比例、PIN 和 VPIN;上市公司信息披露质量指标具有一定的模糊性,缺乏定量的标准。R^2 及股价(非)同步性指标是目前最常用的信息效率度量指标,但其模糊了信息与噪声的作用,股价同步性降低是由公司特质信息造成还是由噪声驱动,并没有得出一致的结论。另外,它们的计算主要采用回归方程的方法,具有非参数化的特征,不利于理论分析。因此,为了更准确地测度市场信息效率和进行理论分析,本章在考虑资产价格中存在噪声的情况下,提出信息市场贡献度指标 G_{SINF}:

$$G_{SINF} = \frac{S_{SINF}^2}{S_{r_i}^2} \qquad (4.18)$$

其中,S_{SINF}^2 为由单信息所引起的资产价格波动(价格变动方差或收益率方差);$S_{r_i}^2$ 为风险资产总波动性,即价格变动的总方差。该指标反映了由市场信息引起的价格波动占总价格波动的比例,反映了信息对资产价格变动的贡献,更好地体现了市场信息效率。

4.4　信息市场贡献度影响因素研究

根据式(4.18),计算信息市场贡献度只需得到由信息引起的价格波动 S_{SINF}^2 及风险资产价格总波动 $S_{r_i}^2$ 即可,$S_{r_i}^2$ 为价格 P_2^s 变动所引起的价格波动。由信息所引起的价格波动 S_{SINF}^2 有两个方面的考量:一是采用由知情交易者交易引起的价格(P_1^s)波动,这体现了信息的直接作用。二是采用由非知情交易者交易引起的价格(P_2^s)波动,这体现了信息的直接与间接作用;由于均衡价格 P_2^s 的形成过程中用到了均衡价格 P_1^s,因此,在 P_2^s 的形成过程中,信息进一步发挥作用,属于间接作用。信息市场贡献度不完全由知情交易者带来,由非知情交易者交易引起的价格波动同时体现了信息直接与间接的作用。为避免争议,同时为了测度信息的直接影响,这里也展示由知情交易者交易引起的均衡价格 P_1^s 波动,记为 $S_{SINF,1}^2$。

在式(4.17)中,当 $\varphi = 1$ 时,即为交易者完全理性条件下的市场均衡价格,此时,风险资产价格总波动 $S_{r_i}^2$ 为:

$$S_{r_i}^2 = \mathrm{Var}(P_2^s - P_0^s)$$

$$= \frac{1}{\rho_v(1+\rho_2)^2}\left(\left(\frac{\pi(3-\pi)}{4(2-\pi)((1+\pi)+\pi(1-\pi)\rho)}\right)^2 \cdot (1-\pi)\rho\right.$$

$$\left. + \frac{\rho_2^2}{\rho} + \rho_v\rho_2^2 \cdot \left(\left(\frac{\lambda}{\beta}\right)^2\left(\frac{1}{\rho_x}\right) + \frac{1}{\rho_\varepsilon}\right)\right) \qquad (4.19)$$

其中，$\rho=\rho_\delta/\rho_v$、$\rho_2=\rho_\theta/\rho_v$ 分别为知情与非知情交易者对信息的相对预测精度。由式(4.17)($\varphi=1$)、式(4.19)可知，市场价格波动来源于 3 个部分：

一是由信息所引起的价格波动(记为 S_{SINF}^2)：

$$\mathrm{Var}(P_2^s-P_0^s|\delta)=\frac{1}{\rho_v(1+\rho_2)^2}\left(\left(\frac{\pi(3-\pi)}{4(2-\pi)((1+\pi)+\pi(1-\pi)\rho)}\right)^2\right.$$

$$\left.\cdot(1-\pi)\rho+\frac{\rho_2^2}{\rho}\right)$$

二是由噪声所引起的价格波动(记为 S_{NOISE}^2)：

$$\mathrm{Var}(P_2^s-P_0^s|\varepsilon)=\frac{1}{\rho_v(1+\rho_2)^2}\cdot\rho_v\rho_2^2\cdot\frac{1}{\rho_\varepsilon}$$

三是由金融市场资产随机供给所引起的价格波动(记为 S_X^2)：

$$\mathrm{Var}(P_2^s-P_0^s|x)=\frac{1}{\rho_v(1+\rho_2)^2}\left(\rho_v\rho_2^2\cdot\left(\frac{\lambda}{\beta}\right)^2\left(\frac{1}{\rho_x}\right)\right)$$

根据 O'Hara(1995)，投资者配置风险资产的资金量服从均值为 0，方差为 $1/\rho_x$ 的随机变量，该部分可理解为知情交易者进行交易时，其交易量也会对市场价格产生一定的影响，这里假定其与信息和噪声相互独立。

由信息所引起的价格波动 S_{SINF}^2 为：

$$S_{SINF}^2=\frac{1}{\rho_v(1+\rho_2)^2}\left(\left(\frac{\pi(3-\pi)}{4(2-\pi)(1+\pi+\pi(1-\pi)\rho)}\right)^2\cdot(1-\pi)\rho+\frac{\rho_2^2}{\rho}\right)$$

$$(4.20)$$

从而得到信息市场贡献度 G_{SINF} 为：

$$G_{SINF}=\frac{S_{SINF}^2}{S_{r_i}^2}=\frac{\left(\dfrac{\pi(3-\pi)}{4(2-\pi)(1+\pi+\pi(1-\pi)\rho)}\right)^2\cdot(1-\pi)\rho+S_\theta^2}{\left(\dfrac{\pi(3-\pi)}{4(2-\pi)(1+\pi+\pi(1-\pi)\rho)}\right)^2\cdot(1-\pi)\rho+S_\theta^2+S_{X,NOISE}^2}$$

$$(4.21)$$

其中，$S_\theta^2=\dfrac{\rho_2^2}{\rho}$，$S_{X,NOISE}^2=\rho_v\rho_2^2\cdot\left(\left(\dfrac{\lambda}{\beta}\right)^2\left(\dfrac{1}{\rho_x}\right)+\dfrac{1}{\rho_\varepsilon}\right)$。

由式(4.21)可知，G_{SINF} 主要受以下 4 个因素影响：

一是市场信息的公开程度 π；

二是信息相对预测精度 ρ，体现了知情交易者对信息的把握；

三是 S_θ^2，体现了非知情交易者对信息的把握，非知情交易者对信息的把握(精度)越高，信息市场贡献度越高；

四是 $S^2_{X,NOISE}$,体现了市场随机波动和噪声的影响,随机波动和噪声越大,信息市场贡献度越低。

由此可知,交易者的预测精度会影响信息市场贡献度,亦即影响资产价格变动,这与陈强 等(2016)相同。

为了反映信息的直接影响,采用由知情交易者交易所产生的价格波动与价格总波动的比值计算信息市场贡献度 $G_{SINF,1}$。由 P^s_1 变动导致的价格波动 $S^2_{SINF,1}$ 为:

$$S^2_{SINF,1} = \text{Var}(P^s_1 - P^s_0 | \delta) = \text{Var}(P^s_1 - P^s_0) = \frac{1}{4\rho^3_v} \cdot \frac{\pi^2(1-\pi)\rho}{(1+\pi+\pi(1-\pi)\rho)^2} \tag{4.22}$$

这样,信息市场贡献度 $G_{SINF,1}$ 为:

$$G_{SINF,1} = \frac{S^2_{SINF,1}}{S^2_{r_i}}$$

$$= \frac{\dfrac{\pi^2(1-\pi)\rho}{(1+\pi+\pi(1-\pi)\rho)^2}}{\dfrac{4\rho^2_v}{(1+\rho_2)^2}\left(\left(\dfrac{\pi(3-\pi)}{4(2-\pi)(1+\pi+\pi(1-\pi)\rho)}\right)^2(1-\pi)\rho + S^2_\theta + S^2_{X,NOISE}\right)} \tag{4.23}$$

对比式(4.21)可以发现,式(4.23)中分子缺少 S^2_θ,即缺少了非知情交易者对信息的应用,其他影响因素与式(4.21)基本相同[①]。但是,根据上述分析,一个完整的信息冲击最终体现在均衡价格 P^s_2 中,因此,由 P^s_2 波动计算的信息市场贡献度更加合理、完整。另外,由于 S^2_{SINF} 大于 $S^2_{SINF,1}$,从而 G_{SINF} 大于 $G_{SINF,1}$。

根据式(4.21)和式(4.23)可以发现,影响信息市场贡献度的因素主要有 4 个:

(1)市场信息的公开程度 π。

(2)信息相对预测精度 ρ。

尽管 S^2_θ 也影响信息市场贡献度,但它体现了非知情交易者对信息的把握,而非知情交易者对信息的把握程度取决于信息相对预测精度 ρ,因此,S^2_θ 对信息市场贡献度的影响可归并为信息预测精度对信息市场贡献度的影响。

(3)投资者的有限理性。

在上面的分析中,假定市场信息交易者都是完全理性的。实际上,投资者

---

① 由 $G_{SINF,1}$ 得出结论与 G_{SINF} 一致,因此,后文不再展示 $G_{SINF,1}$ 的推导过程及模拟结果。读者如有需要,可联系作者索取相关资料。

是有限理性的。投资者有限理性的程度也影响信息市场贡献度。

（4）信息与噪声的关系。

在以往的研究中，大多假设信息与噪声是相互独立的，实际上，市场中信息与噪声存在负相关关系。信息与噪声的关系也是影响信息市场贡献度的因素。

4.4.1 信息公开程度与信息市场贡献度

信息公开程度是影响信息市场贡献度的主要因素。由于信息冲击可以用信息公开程度代替，因此，本节主要分析信息公开程度逐渐增大过程中其市场贡献度的动态变化。通过理论推导可以证明，G_{SINF} 与 π 之间存在倒 U 形关系（具体证明过程见附录一）。另一方面，为直观起见，应用式（4.21）模拟了信息冲击时其市场贡献度的变化情况。

由于 $\rho = \rho_\delta / \rho_v$、$\rho_2 = \rho_0 / \rho_v$、$1/\rho_\theta = 1/\rho_\delta + (\lambda/\beta)^2 (1/\rho_x) + 1/\rho_\varepsilon$，假定 $\rho_v = 1$、$l = (\lambda/\beta)^2 (1/\rho_x) + 1/\rho_\varepsilon$，则 $\rho_\theta = \dfrac{\rho_\delta}{1 + l\rho_\delta} \approx k\rho_\delta$，$k \in (0, 1)$，因此，$S_\theta^2 = \dfrac{\rho_2^2}{\rho} = k^2 \rho$。这符合真实市场情况，通常情况下，信息交易者的预测精度提高，非知情交易者的预测精度也会提高，然而，其通过信息交易者的交易所获取的信号精度要远远小于真实的信息精度，并且市场噪声影响较大，即 l 的值比较大，从而 k 的值比较小。另外，本章主要研究信息对市场效率的影响，其占据主导地位，同时，保持所有参数在数值量级上的一致性，设定 $k = 0.1$，其他数值设定，不影响主要结论。根据本节假设，$S_{X,NOISE}^2$ 与信息相互独立，因此，设定其为常数，$S_{X,NOISE}^2 = 0.01$（下同）[1]，取不同信息预测精度，可得到图 4.2。

由图 4.2 可以发现，当 $\pi = 0$ 时，此时市场上没有信息，由信息引起的价格波动为 0，其市场贡献度为 0；当 $\pi = 1$ 时，此时交易者全为知情交易者，信息已全部融入股价中，在没有新信息出现的情况下，现有信息不会再引起价格变动，因此，由该信息引起的价格波动为 0，信息市场贡献度也为 0。当市场信息公开程度较低（$\pi < 0.6$）时，信息市场贡献度随着信息公开程度的增加而增大；当信息公开程度为 0.6（即 $\pi = 0.6$）时，信息市场贡献度达到最大值。随后，信息市场贡献度随着信息公开程度（$\pi > 0.6$）的增加而减小，直至为 0。值得注意的是，信息市场贡献度达到最大值时的信息公开程度并不是 0.5[2]，也即是市场知情

---

[1] 这些参数值的变化不会改变文中主要结论。其他参数值的结果，读者如有需要，可联系作者索取相关资料。

[2] 由附录一中推导结论可知，信息市场贡献度达到最大值时的值一定不小于 55%。

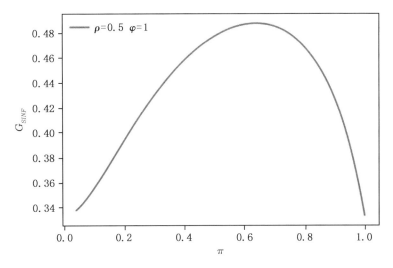

图 4.2 信息(π)与其市场贡献度(G_{SINF})

交易者达到一半,信息市场贡献度仍有增长空间,这说明信息市场贡献度达到最大值需要信息公开程度达到一定的量值,且该量值大于 0.5[①]。

信息市场贡献度与信息公开程度的倒 U 形关系是指当信息公开程度较低时(如信息发布初期),信息市场贡献度随着信息公开程度的增大而增大(正相关),达到最大值后信息市场贡献度会随着信息公开程度的增大而减小(负相关),其变化过程像倒写的 U 字,故称之为倒 U 形关系。由此提出命题 4.1。

命题 4.1 市场信息公开程度与其市场贡献度呈倒 U 形关系。

命题 4.1 综合了 Lee and Liu(2011)、Goldstein et al.(2014)、Goldstein and Yang(2017、2019)、Banerjee et al.(2018)的研究结论。Lee and Liu(2011)发现,在市场中信息较少时,随着信息搜集成本的降低,会有更多的非知情交易者通过支付一定费用变成知情交易者,从而私有信息资本化到股价中引起的股价波动会增大,信息效率提高;Goldstein and Yang(2017、2019)发现,增加信息会提高市场信息效率。Goldstein et al.(2014)研究发现增加更多的知情交易者可能降低价格信息含量,进而降低市场信息效率;Banerjee et al.(2018)发现,在市场中信息较多时,披露更多的信息会降低价格信息含量,进而降低市场信息效率。

---

① 这与附录一中的理论推导相一致,当 $\varphi=1$,$\pi=0.5$ 时,$f(0.5)=\frac{19}{16}+\frac{19}{32}\rho>0$,也就是说,$f(\pi)$ 在 0.5 到 1 之间存在某一值 π^{*} 使得 $f(\pi^{*})=0$,即说明信息市场贡献度达到最大值时的信息公开程度并不是 0.5,而是大于 0.5。

4.4.2 交易者有限理性与信息市场贡献度

有效市场理论假设投资者完全理性,对信息的理解与反应具有一致性;然而,在现实市场中,投资者的交易行为并非总是理性的,其对市场信息的反应存在异质性,这在市场中常表现为对信息反应过度或反应不足,从而使得信息市场贡献度的动态变化过程存在差异。

"适度反应"是指投资者按照贝叶斯法则对所获取的信息采用一致无偏的方式所做出的理性反应,而"过度反应"和"反应不足"则是对"适度反应"的相对偏离。新信息出现后,"反应过度"的投资者往往过分注重新信息的作用,忽略旧信息对未来预期的影响,从而导致对新信息过度乐观,使得资产价格大幅上涨,偏离其基本价值;随着时间的推移,投资者掌握的信息会更加完整,反应过度会缓解,进而资产价格发生反转(Daniel et al.,1998;刘维奇和郑睿,2020),最终回到其合理价格。而"反应不足"则相反,当新信息出现时,投资者并不做出充分、及时的反应,其原因可能是这些投资者一般具有保守性认知偏差,不愿意改变以往的信念,对新信息的作用认识不足,或他们获得的新信息不完整,依据新信息做出的反应不能完全体现该新信息的实际价值,从而导致反应不足。

因此,在交易者有限理性条件下,风险资产价格总波动 $S_{r_i}^2$ 为:

$$S_{r_i}^2 = \mathrm{Var}(P_2^s - P_0^s)$$

$$= \frac{1}{\rho_v(1+\rho_2)^2}\left(\left(\frac{\pi(3-\pi)}{4(2-\pi)(\varphi^2+\pi+\pi(1-\pi)\rho)}\right)^2 \right. \tag{4.24}$$

$$\left. \cdot (1-\pi)\varphi^2\rho + \varphi^2 S_\theta^2 + S_{X,NOISE}^2\right)$$

其中由信息引起的价格波动 S_{SINF}^2 为:

$$S_{SINF}^2 = \mathrm{Var}(P_2^s - P_0^s | \delta)$$

$$= \frac{1}{\rho_v(1+\rho_2)^2}\left(\left(\frac{\pi(3-\pi)}{4(2-\pi)((\varphi^2+\pi)+\pi(1-\pi)\rho)}\right)^2 \cdot \varphi^2(1-\pi)\rho + \varphi^2 S_\theta^2\right)$$

$$\tag{4.25}$$

从而得到有限理性条件下的信息市场贡献度 G_{SINF} 为:

$$G_{SINF} = \frac{S_{SINF}^2}{S_{r_i}^2} = \frac{\left(\frac{\pi(3-\pi)}{4(2-\pi)(\varphi^2+\pi+\pi(1-\pi)\rho)}\right)^2 \cdot \varphi^2(1-\pi)\rho + \varphi^2 S_\theta^2}{\left(\frac{\pi(3-\pi)}{4(2-\pi)(\varphi^2+\pi+\pi(1-\pi)\rho)}\right)^2 \cdot \varphi^2(1-\pi)\rho + \varphi^2 S_\theta^2 + S_{X,NOISE}^2}$$

$$\tag{4.26}$$

对比式(4.21)可以发现，φ 值不仅影响知情交易者交易导致的资产价格波动，而且影响非知情交易者对信号的预测精度($\varphi^2 S_\theta^2$)。

由附录一可以发现，交易者有限理性条件并不改变 G_{SINF} 与 π 的倒 U 形关系，但交易者对信息的反应程度 φ 会影响式(A5)的零点位置以及式(A7)的单调递减性。为此，附录二从理论上说明了信息市场贡献度受交易者有限理性的影响，适度反应($\varphi=1$)的信息市场贡献度始终高于反应过度($\varphi>1$)。反应不足($0<\varphi<1$)的信息市场贡献度与适度反应($\varphi=1$)、反应过度($\varphi>1$)的关系取决于市场信息公开程度和预测精度的大小。因此，为直观起见，根据式(4.26)，控制其他主要参数，得到信息与其市场贡献度的变化关系，如图 4.3 所示。

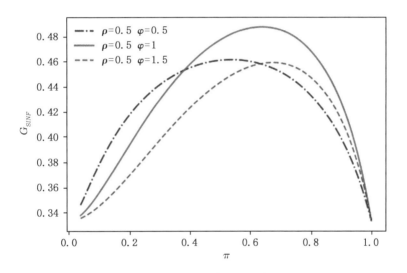

图 4.3　信息(π)与其市场贡献度(G_{SINF})

由图 4.3 可以发现，在交易者有限理性条件下，相同信息公开程度时其市场贡献度存在差异。当市场信息公开程度较低($0<\pi<0.35$)时，信息反应不足($\varphi=0.5$)时的信息市场贡献度最大，适度反应($\varphi=1$)次之，过度反应($\varphi=1.5$)最小。当市场信息公开程度较低时，信息往往存在一定的模糊性和不确定性(Illeditsch et al.，2021)，此时对信息的保守认知反而更准确，从而对信息反应不足会使信息的市场贡献度更大。当市场信息公开程度在 0.35 左右时，信息反应不足的信息市场贡献度开始小于适度反应，此后适度反应的信息市场贡献度一直保持最大，这说明随着市场信息公开程度的提高，市场信息的模糊性降低，对信息保守认知会使得信息的市场贡献度相对降低，信息不能完全发挥其

效用。当市场信息公开程度较高($\pi > 0.6$)时,信息过度反应的市场贡献度大于信息反应不足,这说明只有在市场信息公开程度较高时过度反应的市场贡献度才会较大,但两者均小于适度反应。随着市场信息公开程度的提高,市场信息的准确性已大为提高,对信息反应不足和反应过度均会使信息市场贡献度降低。这与陈梦根和毛小元(2007)的研究具有一致性,即在理性证券市场中,股价信息含量较高,在非理性市场中,股价信息含量较低。另外,当市场信息公开程度较高时,市场中大多数交易者已获取该信息,信息的不确定性进一步降低,此时对信息的保守反应不利于信息的价格发现,因此,信息反应不足的市场贡献度最低。图 4.3 也从侧面说明了信息公开程度较低时出现反应不足的概率会大于反应过度,只有当信息被较多交易者获知时,才会出现反应过度,这与Barberis et al.(1998)一致。由此提出命题 4.2(其理论证明见附录二)。

命题 4.2 无论知情交易者是否为有限理性,信息市场贡献度与其公开程度均呈倒 U 形关系。在交易者有限理性条件下,当市场信息公开程度较低时,信息反应不足的信息市场贡献度大于适度和过度反应;随着市场信息公开程度的提高,信息反应不足或过度均使得信息市场贡献度下降,尤其是在(接近于)信息完全公开时,两者的信息市场贡献度均小于信息反应适度。

值得注意的是,由图 4.3 可以发现,无论信息公开程度多少,信息过度反应的信息市场贡献度总是小于适度反应[这与附录二中 $\varphi_2^* \in (0,1)$ 的情况一致],这说明不论市场信息公开程度大小,信息过度反应均会使市场有效性降低,这与刘维奇和郑睿(2020)一致,即过度反应降低了市场信息效率。游家兴(2008)发现,反应不足的投资者主要是机构投资者,反应过度的投资者主要是个人;机构投资者相对个人投资者对信息的理解和把握更为准确,其交易行为更有利于提高股价中的信息含量,因此,反应不足的信息效率要高于反应过度的信息效率,进而反应不足的信息市场贡献度大于反应过度。这也从实证角度佐证了命题 4.2。

4.4.3 信息预测精度与信息市场贡献度

由上文分析,知情交易者的信息预测精度是影响信息市场贡献度 G_{SINF} 的重要因素。一般来说,交易者对信息的预测精度越高,越有利于降低市场噪声对市场信息效率的影响,越有利于提高市场信息效率。若交易者对信息的预测精度很小,尤其是当其趋于 0 时,市场所发布的信息对交易者而言很模糊,则该信息已不具有价值,市场对其几乎没有反应。根据式(4.26),知情交易者信息

预测精度 ρ 对 G_{SINF} 的影响较为复杂。为直观起见,应用式(4.26)模拟信息冲击时知情交易者信息预测精度 ρ 与信息市场贡献度的变化情况。

首先,以 $\varphi=1, \rho_2^2=0.1, S_{X,NOISE}^2=0.1$ 为例,分析在不同信息预测精度下,信息公开程度(π)与其市场贡献度(G_{SINF})的变化,如图4.4所示;之后,以 $\pi=0.5, \rho S_{X,NOISE}^2=0.5$ 为例[①],分析信息相对预测精度(ρ)与信息市场贡献度(G_{SINF})的变化关系,如图4.5所示。

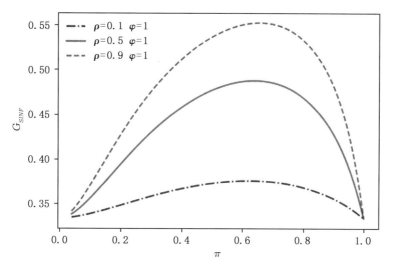

图 4.4　信息(π)与其市场贡献度(G_{SINF})

由图4.4可以看出,知情交易者的信息相对预测精度 ρ 会影响信息市场贡献度, $\rho=0.9$ 的曲线最高, $\rho=0.5$ 次之, $\rho=0.1$ 的曲线最低,即知情交易者相对预测精度越大,信息市场贡献度越高,但不会影响信息与其市场贡献度的倒 U 形关系,这符合常识,也符合市场实际。这也说明了交易者对信息的预测精度越高,越有利于降低市场噪声对市场信息效率的影响,提高市场信息效率。

由图4.5可以看出,信息预测精度(ρ)与其市场贡献度(G_{SINF})呈正相关关系,即随着信息预测精度的提高,信息市场贡献度也提高,但不同信息预测精度对其市场贡献度的影响有所不同。当知情交易者的信息预测精度较低($0 \leqslant \rho \leqslant$

---

①　这里要说明的是,控制 $\rho S_{X,NOISE}^2=0.5$,是因为通常情况下交易者预测精度越高,噪声对价格影响会相应降低,因此,若保持 $S_{X,NOISE}^2$ 不变,随着 ρ 的变大, $\rho S_{X,NOISE}^2$ 会逐渐变大,进而导致信息市场贡献度降低,这与上述理论分析不符,也与实际情况不符,因此,控制 $\rho S_{X,NOISE}^2$ 不变。其他数值不改变主要结论。

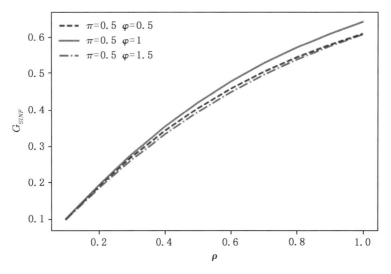

图 4.5　信息预测精度（ρ）与市场贡献度（G_{SINF}）

0.2)时,信息市场贡献度(G_{SINF})随着信息预测精度的提高而增大的效果不明显,此时,信息反应不足、过度与适度反应时的信息市场贡献度差异较小,这说明在这种情况下,信息预测精度是决定信息市场贡献度的主要因素,而交易者的理性程度对信息市场贡献度的影响不显著。当知情交易者的信息预测精度较高($\rho > 0.2$)时,随着信息预测精度的提高,信息市场贡献度(G_{SINF})也有较大幅度的提高;在这种情况下,信息反应不足和过度时的信息市场贡献度明显小于适度反应,进一步证实了信息反应不足或过度均不利于市场信息效率的提高。同时,从图 4.5 可以发现,相对于信息反应过度,信息反应不足时信息预测精度提高对市场信息效率的提高更大。信息预测精度与其市场贡献度呈正相关关系的理论证明见附录三。由此提出命题 4.3。

　　命题 4.3　信息预测精度与其市场贡献度呈正相关关系。当信息预测精度较低时,信息市场贡献度与交易者的信息反应程度基本无关。

　　命题 4.3 说明了信息预测精度对提高市场信息效率的重要性。要想有效提高市场信息效率,必须加强信息披露的真实性、充分性和及时性;提高投资者信息解读和处理能力,从而提高信息预测精度。

4.4.4　信噪关系与信息市场贡献度

　　有效市场假说认为金融市场中尽管存在一定数量的噪声交易者,但噪声交易者的交易行为会相互抵消,不会形成系统性偏差,因此噪声交易在资产价格形成中可忽略不计。但是,行为金融理论认为市场并非完全有效,市场中存在大量的噪声交易者(Black,1986),这些交易者甚至能在某个阶段主导市场,产生系统性偏差(Kyle,1985),使资产价格偏离其价值(Ramiah and Davidson,2007)。可见,噪声交易会对资产价格产生一定的影响,降低市场信息效率。

由于市场信息与噪声之间存在此消彼长的关系(Lee and Liu,2011;沈勇涛和高玉森,2020)[1],那么,在这种情况下,信息与其市场贡献度的关系会发生怎样的变化呢?为此,本节用 γ($\gamma = \dfrac{\mathrm{Cov}(SINF,NOISE)}{\sqrt{\mathrm{Var}(SINF) \cdot \mathrm{Var}(NOISE)}}$)表示信息与噪声的相关系数(一般为负值)。当 $\gamma = 0$ 时,两者不相关;当 γ 为负数时,两者负相关。这里仍假设知情交易者为有限理性,当 φ 等于 1 时,即为完全理性。

作为非知情交易者的对手方,流动性交易使噪声进入市场,所以在非知情交易者交易时噪声会引起价格波动。因此,在计算资产价格总波动时,相较于式(4.24),会增加信息与噪声的协方差项 $\mathrm{Cov}(SINF, NOISE)$($= \gamma \cdot \sqrt{\mathrm{Var}(SINF) \cdot \mathrm{Var}(NOISE)}$),从而得到在信息与噪声存在相关关系时的资产价格总波动 $S_{r_i}^2$:

$$
\begin{aligned}
S_{r_i}^2 &= \mathrm{Var}(P_2^s - P_0^s) \\
&= \frac{1}{\rho_v(1+\rho_2)^2}\left(\left(\frac{\pi(3-\pi)}{4(2-\pi)(\varphi^2+\pi+\pi(1-\pi)\rho)}\right)^2 \right. \\
&\quad \left. \cdot (1-\pi)\varphi^2\rho + \varphi^2 S_\theta^2 + S_{SINF,NOISE} + S_{X,NOISE}^2\right)
\end{aligned}
\tag{4.27}
$$

其中,$S_{SINF,NOISE}$ 为噪声与信息相关性所引起的价格波动。[2] 而由信息所引起的资产价格波动为:

---

① 信息与噪声之间的此消彼长关系,一般指市场中信息量增加,噪声减少,或相反。市场中信息量增加既包括信息数量的增加,也包括信息公开程度的增加(即知情交易者增加)。

② 根据噪声与信息的协方差项:$\mathrm{Cov}(SINF, NOISE) = \gamma \cdot \sqrt{\mathrm{Var}(SINF) \cdot \mathrm{Var}(NOISE)}$,其中,$\mathrm{Var}(SINF) = \dfrac{1}{\rho_v(1+\rho_2)^2}\left(\left(\dfrac{\pi(3-\pi)}{4(2-\pi)((\varphi^2+\pi)+\pi(1-\pi)\rho)}\right)^2 \cdot \varphi^2(1-\pi)\rho + \varphi^2 S_\theta^2\right)$,$\mathrm{Var}(NOISE) = \dfrac{1}{\rho_v(1+\rho_2)^2} \cdot \rho_v\rho_2^2 \cdot \dfrac{1}{\rho_\varepsilon}$,因此,为计算简便,将噪声与信息的相关性所引起的价格波动记为 $S_{SINF,NOISE}$,$S_{SINF,NOISE} = 2\gamma \cdot \sqrt{\left(\dfrac{\pi(3-\pi)}{4(2-\pi)((\varphi^2+\pi)+\pi(1-\pi)\rho)}\right)^2 \cdot (1-\pi)\varphi^2\rho + \varphi^2 S_\theta^2} \sqrt{\rho_v\rho_2^2 \cdot \dfrac{1}{\rho_\varepsilon}}$。

$$S_{SINF}^2 = \mathrm{Var}(P_2^s - P_0^s \mid \delta)$$

$$= \frac{1}{\rho_v (1+\rho_2)^2} \left(\left(\frac{\pi(3-\pi)}{4(2-\pi)(\varphi^2 + \pi + \pi(1-\pi)\rho)} \right)^2 \right. \qquad (4.28)$$

$$\left. \cdot \varphi^2(1-\pi)\rho + \varphi^2 S_\theta^2 + S_{SINF,NOISE} \right)$$

对比式(4.25)可以发现,由信息引起的价格波动中增加了噪声与信息的协方差项。当信息与噪声之间存在负相关关系时,由信息引起的价格波动会减小,这意味着信息市场贡献度可能降低。

这时,信息市场贡献度 G_{SINF} 为:

$$G_{SINF} = \frac{S_{SINF}^2}{S_{r_i}^2}$$

$$= \frac{\left(\dfrac{\pi(3-\pi)}{4(2-\pi)(\varphi^2 + \pi + \pi(1-\pi)\rho)} \right)^2 \cdot \varphi^2(1-\pi)\rho + \varphi^2 S_\theta^2 + S_{SINF,NOISE}}{\left(\dfrac{\pi(3-\pi)}{4(2-\pi)(\varphi^2 + \pi + \pi(1-\pi)\rho)} \right)^2 \cdot \varphi^2(1-\pi)\rho + \varphi^2 S_\theta^2 + S_{X,NOISE} + S_{SINF,NOISE}}$$

$$(4.29)$$

为直观起见,根据式(4.29),控制其他主要参数值,模拟信息与噪声之间存在负相关关系条件下,信息与其市场贡献度的变化如图4.6所示。

由图4.6看出,信息与噪声之间的负相关关系会降低信息市场贡献度,其原因主要有两个:

第一,根据公式(4.29)[简化为 $(a-b)/(a-b+c+d)$,a 为信息引起的价格波动,b 为 $S_{SINF,NOISE}$ 的相反数],当信息与噪声之间为负相关关系时,分子分母同时减小一定量值,将导致信息市场贡献度降低,两者负相关程度越大,分子分母同时减小的量越大,信息市场贡献度的降低幅度也越大。

第二,由于噪声交易者基于错误信息或感知等交易,会扭曲市场价格,引起资产价格偏离其价值,加大股价的波动;同时,由于信息与噪声之间的负相关关系,噪声增加会导致市场信息减少,因此由信息引起的价格波动将降低,从而信息市场贡献度降低,这与 Illeditsch et al.(2021)一致,即当市场中存在噪声交易者时,信息具有非效率性。

另外,在交易者有限理性、信息与噪声之间存在负相关关系($\varphi \neq 1, \gamma \neq 0$)时,信息与其市场贡献度的关系如图4.7所示。由图4.7可以发现,信息与其

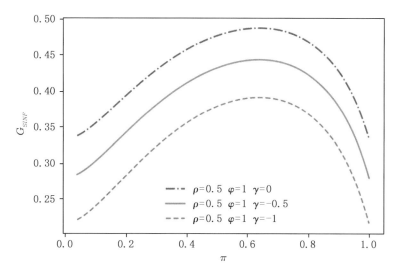

图 4.6　信息(π)与其市场贡献度(G_{SINF})①

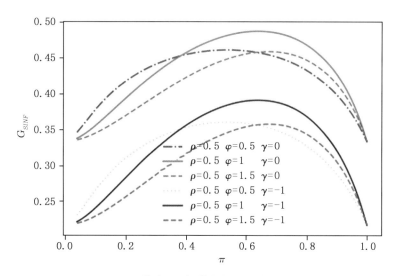

图 4.7　信息(π)与其市场贡献度(G_{SINF})

市场贡献度的变化呈现图 4.3 与图 4.6 的叠加效应。以交易者反应过度、信息与噪声之间存在负相关关系($\varphi=1.5$、$\gamma=-1$)这条曲线为例,其不仅在交易者完全理性、信息与噪声之间存在负相关关系(即 $\varphi=1$、$\gamma=-1$)这条曲线的基础

---

① 为了直观,数值做了一定的放缩。未放缩情况,读者如有需要,可联系作者索取相关资料。

上降低了一定的幅度,而且在交易者反应过度、信息与噪声相互独立(即 $\varphi=1.5$、$\gamma=0$)这条曲线的基础上降低了一定的幅度,因此,信息市场贡献度的降低幅度表现出叠加效果[①]。由此提出命题 4.4。

命题 4.4 信息与噪声之间的负相关关系会使信息市场贡献度降低;当交易者有限理性且信息与噪声之间存在负相关关系时,信息市场贡献度降低幅度出现叠加效应。

命题 4.4 意味着在现实金融市场中,不仅交易者的有限理性行为会降低信息市场贡献度,而且噪声交易会使信息市场贡献度降低;两者同时存在会使信息市场贡献度降低幅度增加。

4.5　本章小结

为分析金融市场对信息的反应机制,有效提高市场信息效率,本章基于包含 3 类交易者的单资产两期定价模型,从交易者有限理性、预测精度、信息与噪声负相关关系角度,研究了单信息与其市场贡献度的动态变化过程,得出如下结论:

第一,信息市场贡献度与其公开程度呈倒 U 形关系。当市场中信息公开程度较低时,随着信息公开程度增大,其信息市场贡献度增加;但当信息公开程度增大到一定水平,其信息市场贡献度不再增加,反而下降;当市场中信息完全公开时,其市场贡献度为 0。

第二,与交易者完全理性相比,在有限理性条件下,当市场信息公开程度较低时,市场对信息反应不足时的信息市场贡献度大于适度反应和过度反应;当市场信息公开程度较高时,市场信息反应不足或过度均使得信息市场贡献度下降。

第三,在相同信息公开程度下,知情交易者的信息预测精度越高,信息市场贡献度越大;在相同信息预测精度下,信息反应不足或过度均使得信息市场贡献度下降,但信息反应不足的市场贡献度始终高于反应过度。

---

① 以 $\pi=0.6$ 为例,当 $\varphi=1.5$、$\gamma=-1$ 时,$G_{SINF}(1.5,-1)=0.118$;$G_{SINF}(1,-1)=0.124$,$G_{SINF}(1.5,0)=0.132$,$G_{SINF}(1,0)=0.138$,$G_{SINF}(1,0)-G_{SINF}(1,-1)=0.014$,$G_{SINF}(1,0)-G_{SINF}(1.5,0)=0.006$,$G_{SINF}(1,0)-G_{SINF}(1.5,-1)=0.02$,可以发现,$G_{SINF}(1,0)-G_{SINF}(1.5,-1)=[G_{SINF}(1,0)-G_{SINF}(1,-1)]+[G_{SINF}(1,0)-G_{SINF}(1.5,0)]$,即说明信息市场贡献度的降低幅度具有叠加效果。

第四，信息与噪声之间的负相关关系会使信息市场贡献度降低。在交易者有限理性、信息与噪声存在负相关关系两个条件均存在的情况下，信息市场贡献度的降低幅度会出现叠加效应。

第五，无论交易者是否完全理性、信息与噪声之间是否存在负相关关系以及知情交易者的信息预测精度高低，都不会改变信息市场贡献度与其公开程度之间的倒 U 形关系。

本章研究了金融市场对单信息的反应方式及其影响因素，提出了度量单信息市场效率的指标：信息市场贡献度，丰富了市场信息反应、信息效率及市场有效等方面的理论，既从理论上解释了投资者非理性及噪声降低市场信息效率的原因，也解释了市场中一些现象产生（如信息反应不足的市场效率高于反应过度）的机理。此外，投资者非理性行为（尤其是过度交易）、市场噪声、低信息预测精度均会使信息市场贡献度降低，影响信息效率和资产定价效率。

5　市场对多信息的反应方式：信息与其累积市场贡献度

5.1　引　言

第 4 章研究了单信息冲击时金融市场的动态反应,即信息市场贡献度随信息公开程度变化的动态过程,发现无论交易者是否完全理性、信息与噪声之间是否存在负相关关系以及知情交易者的信息预测精度高低,信息市场贡献度与其公开程度之间均存在倒 U 形关系。然而,市场中信息披露是一个不断发生的事情,那么,当有多信息冲击时,市场又如何反应? 此时多信息的市场贡献度又如何度量? 市场中信息量与多信息市场贡献度的关系又如何? 交易者有限理性、信息与噪声之间的负相关关系以及知情交易者的信息预测精度是否会影响市场中信息量与其市场贡献度的关系? 本章首先提出信息累积市场贡献度的概念,并分析市场中有多信息冲击时金融市场的动态反应过程,即市场中信息披露量与信息市场贡献度的关系;其次分别从交易者有限理性、信息与噪声之间的负相关关系以及知情交易者的信息预测精度 3 个方面,分析这些因素对市场中信息量与多信息市场贡献度关系的影响。

5.2　信息累积市场贡献度:市场对多信息的反应程度

当市场存在多信息时,每个信息都会对市场价格产生影响,但由于各个信息的公开程度不同(处于相同公开程度的信息可合并为一个信息),其市场贡献度也不同。给定一个公开程度的信息,有相应的市场贡献度,这对应于信息市场贡献度与其公开程度倒 U 形曲线上的一个点。多信息对市场的总贡献应等于各个信息市场贡献度之和。为此,本章提出信息累积市场贡献度指标,记为 CG_{SINF},该指标反映了市场中多信息在当前时刻发挥的总效用。

为分析多信息逐渐释放情形下的市场反应动态,参考 Hong and Stein (1999),假定市场有 n 个信息释放,或将某个消息的信息流分解为 n 个独立的子信息,交易者也被分为 n 批。假设每一个信息流释放形成一次信息冲击,并遵循第 4 章(见图 4.1)一个信息冲击时的市场价格传导过程。在第一期,第一个信息被第一批交易者(此时成为知情交易者)获取,且仅被第一批交易者所获取,进而依照信息传导路径影响市场;在第二期,第二个信息被第一批交易者获取①,第一个信息被第二批交易者获取,进而依照信息传导路径影响市场。以此类推,直到资产清算到期或者所有的信息流被释放完毕。因此,在每一期每一个信息的市场贡献度为:

第一期:用 π_1 衡量第一批知情交易者的数量(即信息市场公开程度),则第一个信息的市场贡献度为 $G_{SINF}(\pi_1)$;

第二期:用 π_2 衡量第一批与第二批知情交易者数量之和,则第一个信息的市场贡献度为 $G_{SINF}(\pi_2)$,第二个子信息的市场贡献度为 $G_{SINF}(\pi_1)$;

以此类推,第 $i(1 \leqslant i \leqslant n)$ 期:用 π_i 衡量前 i 批知情交易者数量之和,则第一个信息的市场贡献度为 $G_{SINF}(\pi_i)$,第二个信息的市场贡献度为 $G_{SINF}(\pi_{i-1})$,…,第 i 个信息的市场贡献度为 $G_{SINF}(\pi_1)$。

按照多信息的上述传导过程,信息市场公开程度直接反映了信息数量,即:当信息市场公开程度为 π_1 时,市场只有一个信息;当信息市场公开程度为 π_2 时,市场有两个信息;当信息市场公开程度为 π_i 时,市场有 i 个信息。这样,在市场存在多信息的情况下,信息数量可以替代信息市场公开程度,即信息数量越多,信息市场公开程度越大。

在第 i 阶段,i 个信息市场贡献度的总和为:

$$CG_{SINF} = \sum_{j=1}^{i} G_{SINF}(\pi_j) = G_{SINF}(\pi_1) + G_{SINF}(\pi_2) + \cdots + G_{SINF}(\pi_i) \quad (5.1)$$

式(5.1)反映的是该 i 个信息在不同公开程度下发挥的总效用(或叠加效用),度量了多信息的累积市场贡献度。

根据陈强 等(2016),针对某个信息的信息流可以分解为多个独立的子信息

---

① 为方便分析,假设所有信息总是先被第一批交易者获取,且第一批交易者的数量不变,即信息市场公开程度 π_1 不变,同理 $\pi_i(i \geqslant 1)$。

流,因此,一个信息的累积效用与多信息在不同公开程度下信息市场贡献度的总和具有一致性。当市场中只有一个信息时,首先获取该信息的知情交易者应用此信息进行交易,从而使该信息进入股价,信息开始发挥作用。随着时间的推移,信息公开程度不断提高,会有越来越多的非知情交易者加入知情交易者群体(π增大),信息发挥的作用也逐渐增大,此时信息累积市场贡献度 CG_{SINF} 即为该信息从开始发挥作用($\pi=0$)到当前公开程度下发挥的总效用。这也说明了市场信息量的增多也代表着市场信息公开程度的提高,两者具有一致性。

5.3 信息累积市场贡献度影响因素研究

根据第4章的分析,影响信息市场贡献度的因素有:市场信息的公开程度、信息相对预测精度、投资者的有限理性及信息与噪声的关系等,因此,这4个因素也同样影响信息累积市场贡献度,所不同的是,这里的市场信息公开程度代表市场中的信息量。

5.3.1 市场信息量与信息累积市场贡献度

根据图4.2和命题4.1,单信息的市场贡献度与其公开程度之间存在倒 U 形关系,因此,应用式(5.1),可以得到信息与其累积市场贡献度的关系。直观上看,单信息的市场贡献度与其公开程度之间存在的倒 U 形关系,类似于正态分布密度函数,而式(5.1)(多信息市场贡献度的总和)类似于在离散情况下的正态分布概率函数,当分析的阶段数为无穷多时,式(5.1)就转化为积分形式,即连续形式,见图5.1。

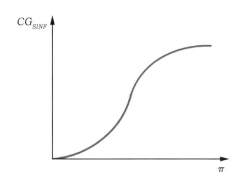

图 5.1 信息量(π)与其累积市场贡献度(CG_{SINF})

由图 5.1 可以发现，随着信息公开程度的提高（或市场信息量的增多）[①]，知情交易者增多，累积市场贡献度也逐渐变大，其累积增速在 $\pi=0.6$（见图 4.2）达到最大值，即此时信息的市场贡献度最大。随后由于信息市场贡献度表现出边际递减效应，累积增速开始降低，直到降为 0，此时市场信息完全公开，其累积市场贡献度达到最大值，即信息累积市场贡献度与信息量呈 S 形关系。S 形关系是指当市场信息量较少时，信息累积市场贡献度的增长速度较低，随着市场信息量的增多，其增长速度开始增大，达到最大值后其增长速度开始减小，直到 0，其变化过程像英文字母 S，故称之为 S 形关系[②]。由于信息市场贡献度与信息公开程度为倒 U 形关系（命题 4.1），根据数学中积分的定义，信息累积市场贡献度即为信息市场贡献度曲线与信息公开程度轴所形成的图形下的面积，因此，从理论上可以证明信息累积市场贡献度与信息量之间存在 S 形关系。由此提出命题 5.1。

命题 5.1 信息累积市场贡献度与信息量呈 S 形关系。

5.3.2 交易者有限理性与信息累积市场贡献度

当信息交易者并非完全理性时，其对市场信息的反应存在异质性，这在市场中常表现为对信息反应过度或反应不足，从而使信息市场贡献度的动态变化过程存在差异，这样，其信息累积市场贡献度的动态变化过程也会存在差异。尽管如此，单信息市场贡献度与其公开程度之间仍存在倒 U 形关系，可以推断，在信息交易者为有限理性的情况下，信息与其累积市场贡献度的关系仍为 S 形。

根据式（5.1）及图 4.3，可以得到交易者在有限理性条件下信息与其累积市场贡献度的关系，如图 5.2 所示。

由图 5.2 可以发现，市场信息反应程度的不同不会影响信息与其累积市场贡献度之间的基本关系，即信息累积市场贡献度与信息之间仍然呈 S 形关系。但是，在相同市场信息量的情况下，市场交易者对信息的不同反应会导致信息累积市场贡献度存在差异。

---

① 需要说明的是，图 5.1 既可以是一个信息随着市场公开程度的提高其累积市场贡献度的变化情况，也可以是多信息市场贡献度的叠加之和。图 5.1 的横坐标不仅可以是信息的市场公开程度，而且可以是市场中的信息数量。

② 本章中的 S 形关系并非严格意义上的 S 形，因为随着市场信息量的增多，信息累积市场贡献度的增速会减小，甚至为 0，但是其本身不会下降。

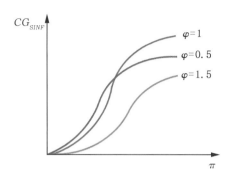

图 5.2　信息(π)与其累积市场贡献度(CG_{SINF})

在市场信息较小[$\pi<0.35$(见图 4.3)]时,信息反应不足(如 $\varphi=0.5$)使信息累积市场贡献度最大,适度反应($\varphi=1$)次之,反应过度($\varphi=1.5$)最小。这是因为当市场信息较少时,信息反应不足时的市场贡献度最大(见图 4.3),从而导致其信息累积市场贡献度更大,这与 Chen et al.(2017)的结论一致。根据命题5.1,在交易者有限理性条件下,当市场信息公开程度较低时,信息反应不足的信息市场贡献度大于适度和过度反应,因此,根据信息累积市场贡献度的含义,从理论上可以得知,当市场信息较少时,信息反应不足的信息累积市场贡献度大于适度和过度反应。由此提出命题 5.2。

命题 5.2　无论交易者是否有限理性,信息累积市场贡献度与信息量呈 S 形关系。在交易者有限理性条件下,当市场信息较少时,信息反应不足使信息累积市场贡献度大于适度和过度反应。

5.3.3　信息预测精度与信息累积市场贡献度

根据第 4 章的分析,知情交易者的信息预测精度是影响信息市场贡献度 G_{SINF} 的重要因素。一般来说,交易者对信息的预测精度越高,越有利于降低市场噪声对市场信息效率的影响,越有利于提高市场信息效率。若交易者对信息的预测精度很小,尤其是当其趋于 0 时,市场所发布的信息对交易者而言很模糊,则该信息已不具有价值,市场对其几乎没有反应。

根据图 4.5,应用式(5.1),可以得到信息预测精度与信息累积市场贡献度的关系,如图 5.3 所示。

由图 5.3 可以看出,信息预测精度(ρ)与其累积市场贡献度(CG_{SINF})呈正相关关系,即随着信息预测精度的提高,信息市场贡献度也提高,但在相同信息

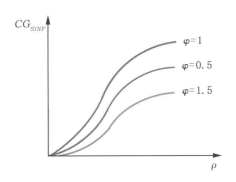

图 5.3 信息预测精度(ρ)与其累积贡献度(CG_{SINF})

预测精度下,交易者的有限理性程度对信息累积市场贡献度的影响不同。信息反应不足和过度时的信息市场贡献度明显小于适度反应,因为(根据图4.5)信息反应不足和过度时的信息市场贡献度明显小于适度反应,也进一步证实了信息反应不足或过度均不利于市场信息效率的提高。从图5.3可以发现,相对于信息反应过度,信息反应不足时信息预测精度提高对市场信息效率的提高更大。由此提出命题5.3。

命题 5.3 信息预测精度与其累积市场贡献度呈正相关关系。相同信息预测精度时,信息适度反应时的信息市场贡献度始终大于反应不足和过度,信息反应不足时的信息市场贡献度大于反应过度。

5.3.4 信噪关系与信息累积市场贡献度

当市场信息与噪声存在负相关关系时,由于信息与其市场贡献度的动态变化过程会存在差异,因此,信息累积市场贡献度的动态变化过程也会存在差异。根据式(5.1)及图4.6,可以得到信息与噪声存在负相关关系时信息与其累积市场贡献度的关系,见图5.4。

由图5.4发现,当市场中信息与噪声存在负相关关系时$\left[用 \gamma \left(\gamma = \dfrac{\mathrm{Cov}(SINF, NOISE)}{\sqrt{\mathrm{Var}(SINF) \cdot \mathrm{Var}(NOISE)}} \right) \right.$表示信息与噪声的相关系数。当$\gamma = 0$时,两者不相关;当$\gamma$为负数时,两者负相关。$\big]$,信息累积市场贡献度有所降低。这是因为,信息与噪声之间的负相关关系会使信息市场贡献度降低(命题4.4),因此,根据式(5.1),不同信息量下的信息市场贡献度叠加值会降低,即信息累积市场贡献度会降低,这也说明市场噪声越多,信息累积市场贡献度越小,市场信

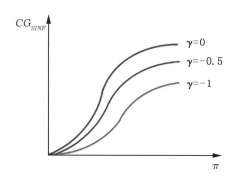

图 5.4 信噪关系与信息累积贡献度

息效率越低。因此,市场发布信息时应尽可能完整准确,提高信息披露质量,降低市场噪声,进而提高市场信息效率。

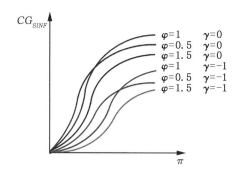

图 5.5 有限理性、信噪关系与信息累积贡献度

在交易者有限理性、信息与噪声之间存在负相关关系两个条件下,信息累积市场贡献度的降低幅度也会出现叠加效应(见图 5.5)。这主要是由于在两个条件均存在的情况下,信息市场贡献度的降低幅度具有叠加效应(见图 4.7)。同样,以交易者反应过度、信息与噪声之间存在负相关关系($\varphi=1.5$、$\gamma=-1$)这条曲线为例,其不仅在交易者完全理性、信息与噪声之间存在负相关关系($\varphi=1$、$\gamma=-1$)这条曲线的基础上有一定降幅,而且在交易者反应过度、信息与噪声相互独立($\varphi=1.5$、$\gamma=0$)这条曲线的基础上降低了一定的幅度。由此提出命题5.4。

命题 5.4 信息与噪声之间的负相关关系使信息累积市场贡献度降低。在交易者有限理性、信息与噪声之间存在负相关关系两个条件均存在时,信息累积市场贡献度降低幅度出现叠加效应。

5.4 本章小结

为了分析金融市场对多信息的反应机制,有效提高市场信息效率,本章在分析金融市场对单信息的反应机制的基础上,从交易者有限理性、预测精度、信息与噪声负相关关系角度,研究了信息与其累积市场贡献度的动态变化过程,得出如下结论:

第一,累积市场贡献度与信息量(或信息公开程度)呈 S 形关系。当市场中信息量较少(信息公开程度较低)时,随着信息量增加(信息公开程度增大),其累积市场贡献度增加,当信息公开程度增大(信息量增加)到一定水平时,累积市场贡献度增速达最大值;当市场中信息完全公开时,累积市场贡献度达到最大值。

第二,与交易者完全理性相比,在有限理性条件下,当市场信息量较少(信息公开程度较低)时,市场对信息反应不足时的信息累积市场贡献度大于适度和过度反应。

第三,在相同信息量(信息公开程度)下,知情交易者的信息预测精度越高,信息累积市场贡献度越大;在相同信息预测精度下,信息反应不足或过度均使得信息累积市场贡献度下降,但信息反应不足的累积市场贡献度始终高于反应过度。

第四,信息与噪声之间的负相关关系会使信息累积市场贡献度降低。在交易者有限理性、信息与噪声存在负相关关系两个条件均存在的情况下,信息累积市场贡献度的降低幅度会出现叠加效应。

第五,无论交易者是否完全理性、信息与噪声之间是否存在负相关关系以及知情交易者的信息预测精度高低,都不会改变信息累积市场贡献度与其信息量(公开程度)之间的 S 形关系。

本章研究了金融市场对多信息的反应方式及其影响因素,从理论上进一步解释了投资者非理性及噪声降低市场信息效率的原因及市场中一些现象产生(如信息反应不足的市场效率高于反应过度)的机理。本章结论可以为金融市场信息披露政策的改进提供理论参考。信息市场贡献度具有递减效应,当市场中信息量适当时,其累积市场贡献度增速最大;随着市场信息披露量的增加,市场信息效率的增速逐步下降。披露更多信息,尽管可使累积市场贡献度增加,但信息市场效率的提高速度越来越小。为提高市场信息效率,政策制定者可以考虑以提高信息质量为目标,而非仅关注市场中的信息披露量。此外,投资者非理性行为(尤其是过度交易)、市场噪声均会使信息市场贡献度降低,影响信息效率,因此,市场管理者应加强投资者教育、提高信息质量,引导投资者理性投资,防止过度投机。

6 市场信息效率测度指标 （股价非同步性）有效性分析

6.1 引 言

市场信息效率实际上反映了股价中的信息含量:股价信息含量越多,市场信息效率越高。然而,股价信息含量是一个难以测度的指标。Lee and Liu (2011)从理论上证明了价格信息含量随着信息交易者数量的增加而增加,亦即与市场中的信息量存在正相关关系;Kelly(2014)以收益率特质波动作为股价特质信息含量的度量指标,发现公司特质信息与其造成的股价波动呈正相关关系。第5章中信息市场贡献度与市场中的信息量呈 S 形关系,也说明市场信息效率与市场中的信息量存在正相关关系。在相关实证研究中,基本都是采用市场中的信息量作为股价信息含量代理指标,分析股价非同步性(同步性)与股价信息含量或市场信息效率之间的关系(Lee and Liu,2011;Kelly,2014;林忠国等,2012)。因此,本章以市场中公司特质信息量作为股价信息含量代理指标,分析股价非同步性与市场信息效率之间的关系。

根据"噪声基础观"说,噪声同样是股价非同步性的影响因素,单纯考察由特质信息引起的股价非同步性,会忽略噪声的影响,放大特质信息的作用,因此,需要将噪声纳入股价非同步性的分析框架中。大多数相关研究假定信息与噪声相互独立(林忠国 等,2012;刘维奇和郑睿,2020),但它们之间实际上存在此消彼长的关系。那么,当市场中的信息与噪声存在负相关关系时,公司特质信息与股价非同步性的关系又是什么? 一味地增加市场(特质)信息披露能否有效提高市场信息效率? 这些问题的解决对于回答股价非同步性是不是市场信息效率的有效指标,解决以往研究结论的不一致性具有重要意义,也有利于市场管理者采取有针对性的措施提高市场信息效率。这些问题的出现可能与市场中公司特质信息与其造成的股价波动之间的关系、与噪声之间的关系模式不同有关。为此,本章从特质信息与其市场反应方式、信息与噪声关系入手,从理论上研究特质信息与股价非同步性的关系,进而分析股价非同步性指标测度市场信息效率的有效性。

6.2　特质信息与其股价非同步性贡献

Kelly(2014)、游家兴(2017)、杜金泉 等(2020)等认为股价非同步性不是度量市场信息效率的有效指标。股价非同步性之所以不能有效衡量市场信息效率,是因为公司特质信息与噪声都会增加股价非同步性(Roll,1988),因此,股价非同步性的增加是来自公司特质信息的增加,还是源于市场噪声的增加,并不能得到确定的结论。如果股价非同步性的增加来自公司特质信息,则股价非同步性可以有效度量市场信息效率;若股价非同步性的增加来自市场噪声,那么,用股价非同步性度量市场信息效率则是无效的。由于公司特质信息和市场噪声都是影响股价非同步性的因素,因此,如果能将它们对股价非同步性的贡献分开,分别得到公司特质信息和市场噪声对股价非同步性的贡献程度,就可计算公司特质信息对股价非同步性的贡献比例,则可有效度量市场信息效率。

根据已有研究(Roll,1988;Morck et al.,2000;Durnev et al.,2003),股价同步性一般是通过对股票收益率的影响因素回归模型拟合优度 R^2 度量。根据Durnev et al.(2003),R^2 可由式(6.1)得到:

$$r_{i,t} = \alpha_i + \beta_i r_{m,t} + \gamma_i r_{j,t} + \varepsilon_{i,t} \tag{6.1}$$

其中,$r_{i,t}$ 为所选取股票 i 在 t 时的收益率,$r_{m,t}$ 为股票 i 所属市场在 t 时的市场收益率,$r_{j,t}$ 为股票 i 所属行业 j 的行业收益率,$\varepsilon_{i,t}$ 为随机扰动项。则式(6.1)的拟合优度 R^2 即为股价同步性指标,记为 R_i^2,则 $1-R_i^2$ 是股价非同步性指标。

股价同步性的驱动因素是同步性研究的核心问题,同步性(R^2)取决于市场收益和残差两个变量(Roll,1988)。市场收益代表宏观层面公共信息,而残差代表除宏观信息之外的所有解释因素,既包括公司特质信息,也包括噪声和投资者非理性因素。因此,较低的 R^2 不一定意味着较高的股价特质信息含量,也有可能是噪声或市场投机的结果。为此,本章将残差 $\varepsilon_{i,t}$ 分解为公司特质信息和噪声,分别将公司特质信息和噪声作为解释变量加入式(6.1)中,得到拟合优度 R_2^2 和 R_3^2。具体方法如下:

$$r_{i,t} = \alpha_i + \beta_i r_{m,t} + \gamma_i r_{j,t} + \lambda_i SINF_{i,t} + \mu_{i,t} \tag{6.2}$$

$$r_{i,t} = \alpha_i + \beta_i r_{m,t} + \gamma_i r_{j,t} + \lambda_i SINF_{i,t} + \phi_i NOISE_{i,t} + \eta_{i,t} \tag{6.3}$$

其中,$SINF_{i,t}$ 为股票 i 的公司特质信息指标,$NOISE_{i,t}$ 为股票 i 的噪声指标,$\mu_{i,t}$、$\eta_{i,t}$ 为随机扰动项。

参考黄诒蓉和白羽轩(2021)的做法,可以得到公司特质信息的股价非同步性贡献指标:$R_{SINF}^2 = R_2^2 - R_1^2$,以及噪声的股价非同步性贡献指标:

$$R_{NOISE}^2 = R_3^2 - R_2^2$$

从理论上来说,$0 \leqslant R_1^2 \leqslant R_2^2 \leqslant R_3^2 \leqslant 1$(当宏观信息、公司特质信息及噪声包含了所有影响股票收益率的因素时,$R_3^2 = 1$),则公司特质信息与噪声对股价非同步性的总贡献为:$R_{SINF}^2 + R_{NOISE}^2$。由此可见,股价非同步性的提高不仅有信息的作用,而且有噪声的作用。

6.3　特质信息的市场反应方式

市场信息效率体现在资产价格对特质信息的反映程度上。公司特质信息也是一类信息,因此特质信息的市场反应方式也符合第4、5章信息与信息市场贡献度、市场累积贡献度之间的关系。在实际市场中,同一时间市场中往往存在多信息,市场会对多信息做出反应,也就是说股价是多信息共同作用的结果,即多信息对市场的总贡献,因此,特质信息的市场反应方式主要符合多信息与其累积贡献度的S形关系,这种S形关系无论交易者是否完全理性、信息与噪声之间是否存在负相关关系以及知情交易者的信息预测精度高低,都不会改变。

6.3.1　特质信息与其股价非同步性贡献的一般关系

由于特质信息的市场反应方式符合多信息与其累积贡献度的S形关系,因此,从理论上讲,特质信息与其股价非同步性贡献之间应为正相关关系。另外,从本质上看,特质波动率与 R^2 具有同质性,根据计量经济学理论,回归方程拟合优度 R^2 的计算公式为:

$$R^2 = \frac{\sum_{i=1}^{n} (\hat{y}_i - \bar{y})^2}{\sum_{i=1}^{n} (y_i - \bar{y})^2} = 1 - \frac{\sum_{i=1}^{n} \hat{e}_i^2}{\sum_{i=1}^{n} (y_i - \bar{y})^2} \tag{6.4}$$

其中，$\sum_{i=1}^{n}(y_i-\bar{y})^2=\sum_{i=1}^{n}(\hat{y}_i-\bar{y})^2+\sum_{i=1}^{n}\hat{e}_i^2$，$y_i$，为被解释变量，$y$为样本数据被解释变量均值，$\hat{y}_i$为样本数据被解释变量的预测值（估计值），$\hat{e}_i^2$为样本数据预测残差方差，即随机扰动项 $\varepsilon_{i,t}$ 的预测方差，特质波动。

从式（6.4）可以发现，在给定回归方程的情况下，$\hat{e}_i^2$ 越大，则 R^2 越小，即 $1-R^2$ 越大，股价非同步性越大。根据前文分析，残差 $\hat{e}_i^2$ 代表除宏观信息之外所有解释因素，既包括公司特质信息，也包括噪声。因此，特质信息或者噪声的增加均会使得残差 $\hat{e}_i^2$ 增大，也即 $1-R^2$ 增大。从而可以推断特质信息和噪声（$SINF$，$NOISE$）与其股价非同步性贡献（R^2_{SINF}，R^2_{NOISE}）满足正相关关系。Brockman and Yan（2009）、Kelly et al.（2014）在实证研究时也发现了公司特质信息与其股价非同步性贡献之间的正相关关系。

6.3.2 特质信息与其股价非同步性贡献的典型关系[①]

在实际市场中，信息环境不同可能导致信息交易者与噪声交易者数量不同。在市场信息环境好时，投资者信息搜集的成本小于获得的收益，信息交易增加，噪声交易下降；投资者主要是信息交易者，他们主要关注市场信息，对信息较为敏感。反之，当信息环境不好时，投资者信息搜集的成本大于获得的收益，此时，信息交易下降，噪声交易增加（陶东旭，2016；肖争艳 等，2021）；投资者主要是噪声交易者，他们不太关注市场信息，对噪声较为敏感。那么，在一段时间内，信息和噪声必有其一主导市场（林忠国 等，2012），决定股价非同步性；当然，也有一种特殊的情况，即信息和噪声都不主导市场。因此，本章将市场分为信息主导、噪声主导或两者均不主导的市场，分别讨论特质信息与其股价非同步性贡献的关系。

（1）信息主导市场下的特质信息与其股价非同步性贡献关系：对数型函数关系

在信息主导的市场（如成熟市场、较发达市场），投资者主要是信息交易者，对信息较为敏感，主要依据信息进行交易。在该市场中，当特质信息相对较少时，特质信息的增加会导致其股价非同步性贡献有较大幅度的增加。之后，随着特质信息的增加，其股价非同步性贡献增加的幅度会逐步降低；当特质信息较多时，由于投资者的有限关注（彭叠峰 等，2015），披露更多的信息会降低股价

---

① 为便于分析，这里仅展示了一些相应的函数形式，本书也设定了一些其他函数形式，基本结论不变，读者如有需要，可联系作者索取相关资料。

对信息的吸收(Banerjee et al.,2018),从而特质信息的增加使其股价非同步性贡献增加的幅度越来越小,即特质信息与其股价非同步性贡献的关系表现为边际递减规律,这种变化关系相当于信息与其累积市场贡献度 S 形关系的右半部分,类似于对数型函数。为此,可以用对数型函数描述特质信息与其股价非同步性贡献的关系,如图 6.1(a)所示。

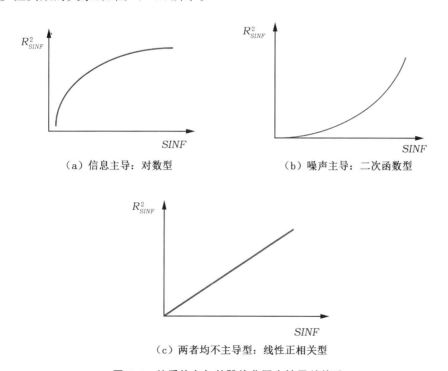

（a）信息主导：对数型　　　　（b）噪声主导：二次函数型

（c）两者均不主导型：线性正相关型

图 6.1　特质信息与其股价非同步性贡献关系

为方便分析,记:

$$R_{SINF}^2 = m \cdot \ln(SINF) \tag{6.5}$$

其中,$SINF$ 为特质信息,R_{SINF}^2 为特质信息股价非同步性贡献,$\ln(SINF)$ 为信息的市场反应方式;$m(>0)$为特质信息反应程度,直接影响特质信息与其股价非同步性贡献的关系,m 越大,说明在相同特质信息量、相同市场反应方式下,股价中融入的特质信息越多。

(2)噪声主导市场下的特质信息与股价非同步性贡献关系:二次函数型关系

在噪声主导的市场(如新兴市场),投资者主要是噪声交易者,他们对市场信息关注较少,对信息敏感性较低,主要依据噪声交易。在该市场中,特质信息的增加并不会导致其股价非同步性贡献大幅度增加;但随着特质信息的增多,其股价非同步性贡献的增加幅度才会逐步增加,增加幅度也会逐渐变为显著,即特质信息与其股价非同步性贡献的关系表现为增长速度边际递增,这种变化关系相当于信息与其累积市场贡献度 S 形关系的左半部分,类似于开口朝上的二次函数对称轴的右边。因此,可以用二次函数描述特质信息与其股价非同步性贡献的关系,如图 6.1(b)所示。

为便于分析,记:

$$R^2_{SINF} = m \cdot SINF^2 \tag{6.6}$$

其中,$SINF$、R^2_{SINF} 和 $m(>0)$的含义与式(6.5)相同。

(3)特质信息与股价非同步性贡献的线性正相关关系

在理想情况下,如市场既不是信息主导,也不是噪声主导,且两者对股价波动造成的影响相当,从而使特质信息与股价非同步性贡献之间呈线性正相关关系[①],如图 6.1(c)所示。

为分析方便,记:

$$R^2_{SINF} = m \cdot SINF \tag{6.7}$$

其中,$SINF$ 为特质信息,R^2_{SINF} 为特质信息股价非同步性贡献,$m(>0)$为特质信息的反应程度。当 m 为 1 时,说明市场对特质信息的反应程度为100%,即 1 单位的特质信息可以带来股价非同步性贡献 1 单位的增长;当 m 小于 1 时,说明市场对特质信息的反应程度存在不足,即 1 单位的特质信息带来其股价非同步性贡献小于 1 单位的增长;当大于 1 时,说明市场对特质信息的反应程度存在过度,即 1 单位的特质信息可以带来其股价非同步性贡献大于 1 单位的增长。

6.4　特质信息与噪声关系的关系模式

由于公司特质信息与市场噪声都会影响股价非同步性,因此,在分析信息市场效率时,应当将噪声纳入股价非同步性的分析框架中。在此框架中,信息与噪声的关系将对股价非同步性产生重要影响。

---

① 若信息或噪声对股价波动造成的影响不同,则要么为信息主导,要么为噪声主导;此时,特质信息与股价非同步性贡献之间的关系为图 6.1(a)或(b)。

6.4.1　特质信息与噪声的一般关系

市场中的噪声交易者通常被认为是流动性交易者。根据 Subrahmanyam (1991),流动性交易者对于市场出清具有不可或缺的作用:如果市场中没有噪声,就不会有流动性提供者,市场将无法出清,交易者间的买卖交易也就无法达成,所以市场上一定存在噪声。那么,市场中的噪声与公司特质信息是否存在相关性? 多数相关研究假定信息与噪声相互独立(李洋 等,2020;Mahdi and Mark,2021),但它们之间实际上存在此消彼长的关系。Lee and Liu(2011)发现资产价格中的噪声会随着特质信息的增加而降低;沈勇涛和高玉森(2020)也发现特质信息与噪声之间存在负相关关系;江昊(2021)认为噪声与信息相关,随着公司特质信息的披露,噪声对市场的影响逐渐降低。在现实市场中,当特质信息获取成本较低时,投资者较容易获取特质信息,因而应用特质信息进行交易的投资者会较多,噪声会减少;但当特质信息获取成本较高时,应用特质信息进行交易的投资者会较少,噪声会较多,因此,信息与噪声应存在负相关关系。

6.4.2　特质信息与噪声的典型关系①

那么,特质信息与噪声的关系是否就是简单的负线性关系? 根据 Lee and Liu(2011)的研究,市场中信息交易者的比例与噪声成分之间存在着复杂的非线性负相关关系,而非简单的线性关系。Zhou and Zhen(2021)则认为噪声交易需求与资产基本面的正相关系数越大,资产价格融入特质信息的速度越快;相反,当相关性为负时,更多的特质信息可能无法融入资产价格。因此,与分析特质信息与其股价非同步性贡献关系的方式一致,同样将市场分为信息主导、噪声主导或两者均不主导的市场,分别讨论特质信息与噪声的关系。

(1)信息主导市场下的特质信息与噪声的关系:反比例函数关系

在信息主导的市场,由于投资者主要是信息交易者,当市场信息开始增加时,大多数投资者关注市场信息变化,并根据信息进行价值投资,此时特质信息的增加会大幅减少噪声;随着市场信息量的进一步增加,其对噪声减少的作用会显著下降;当特质信息大到一定程度后,特质信息的增加对噪声减少的作用几乎为 0,也就是说,无论市场中有多少信息,也不可能完全消除噪声,即特质信

---

① 为便于分析,这里仅展示了一些函数形式,本书也设定了一些其他函数形式,基本结论不变,读者如有需要,可联系作者索取相关资料。

息对噪声的减少具有递减效应[①]。这种变化关系类似于开口向上的反比例函数,因此可以用反比例函数描述特质信息与噪声的这种关系,如图 6.2(a)所示。

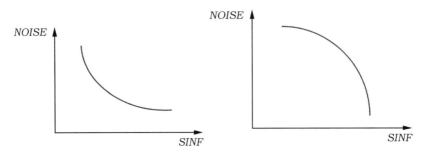

（a）信息主导市场：反比例函数型（开口朝上）　（b）噪声主导市场：二次函数（开口朝下）

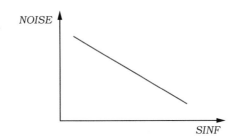

（c）信息与噪声均不主导型市场：线性负相关

图 6.2　特质信息与噪声关系

为方便分析,记:

$$NOISE = \frac{1}{a \cdot SINF} \tag{6.8}$$

其中,$SINF$ 为特质信息,$NOISE$ 为噪声。a（大于 0）为特质信息对噪声的影响系数。a 越大,同样的信息使市场噪声减少越多。

(2)噪声主导市场下的特质信息与噪声的关系:开口向下的二次函数关系

在噪声主导的市场中,当市场信息开始增加时,由于投资者不太关注市场信息,市场噪声交易者不会大幅减少,即信息增加不会使市场噪声大幅减少,仅小幅下降;随着市场进一步完善,价值投资理念逐步被认可,信息交易者逐步增加,人们对市场信息更加关注,也更为敏感,噪声交易者则逐步减少;市场信息

---

① 根据 Lee and Liu(2011)的研究,信息交易者的比例与噪声之间存在如图 6.2(a)所示的非线性关系。

增加将会大幅减少市场噪声交易者,即信息增加会大幅减少市场噪声(于雪彦,2019;江昊,2021)。这种变化关系类似于开口向下的二次函数,因此可以用开口向下的二次函数描述特质信息与噪声的关系,如图 6.2(b)所示。

可以设定:

$$NOISE = b - a \cdot SINF^2 \qquad (6.9)$$

其中,a 为特质信息对噪声的影响系数,b 为市场中无特质信息时噪声的数量,即 $SINF=0$ 时,$NOISE=b$。之所以这样设定,是因为在没有特质信息披露的情况下,市场交易者同样会进行交易,此时交易所传递的不是信息而是噪声。当特质信息含量达到一定量时,市场中噪声可能很小,但不为 0,即 $b > a \cdot SINF^2$。

(3)特质信息与噪声的线性负相关关系

在市场既不是信息主导也不是噪声主导且两者对股价波动影响相当的理想情况下,特质信息与噪声之间呈现线性负相关关系,如图 6.2(c)所示。在这种情况下,会出现特质信息对噪声的冲抵。

这样,记:

$$NOISE = b - a \cdot SINF \qquad (6.10)$$

这里假设 a、b 均大于 0。其中,a 为特质信息对噪声的影响参数,b 为市场中无特质信息时噪声的数量。当 a 为 1 时,说明特质信息与噪声完全负相关,特质信息的增加带来噪声等量的减少;当 a 大于 1 时,说明特质信息对噪声的影响较大,特质信息的增加会带来噪声更多的减少;当 a 小于 1 时,说明特质信息对噪声的影响较小,特质信息的增加会带来噪声更少的减少。值得注意的是,在这种特殊情况下,会出现特质信息对噪声的完全冲抵,即当特质信息含量达到一定量时,市场中的噪声将会为 0。

(4)特质信息与噪声完全不相关

在已有的相关研究中,大多数都假定信息与噪声相互独立(Nezafat et al.,2017;Mahdi and Mark,2022)。本书将其作为一种特例,分析在特质信息与噪声完全不相关情况下,特质信息与股价非同步性的关系。

6.5 特质信息与股价非同步性

在现实市场中,由于市场环境的不同、法规制度及投资者构成不同,使特质信息的市场反应方式不同、信息与噪声的关系模式也不同,使特质信息与股价非同步性的关系不同。那么,针对不同的市场情况,特质信息与股价非同步性之间存在什么关系?

为研究特质信息对股价非同步性的影响,考虑金融市场对特质信息的不同反应方式以及信息与噪声的不同关系模式,建立如下优化模型:

$$Max:DG = R_{SINF}^2 + R_{NOISE}^2$$
$$St:R_{SINF}^2 = f(SINF)$$
$$R_{NOISE}^2 = g(NOISE) \tag{6.11}$$
$$NOISE = l(SINF)$$

其中,$R_{SINF}^2 = f(SINF)$,$R_{NOISE}^2 = g(NOISE)$ 为市场对特质信息与噪声的股价非同步性贡献指标,f 与 g 反映了市场对公司特质信息与噪声的反应方式;$NOISE = l(SINF)$ 反映了特质信息与噪声的相关关系。DG 为股价非同步性贡献总指标(股价非同步性)。

通过模型(6.11)可得出特质信息与股价非同步性的关系,也可得出特质信息在何种情况下,使得股价非同步性最大。

6.5.1 信息主导市场下的特质信息与股价非同步性关系

在信息主导市场下,特质信息与其股价非同步性贡献的关系表现为对数型函数[式(6.5)],特质信息与噪声的关系表现为反比例函数型关系[式(6.8)]。为了求解模型(6.11),必须确定市场对噪声的反应方式。

与以上分析相同,在信息主导市场下,市场中的投资者主要是信息交易者,当噪声开始增加时,大多数投资者并不关注市场噪声,噪声的增加并不会导致其股价非同步性贡献大幅度增加;但随着噪声的不断增多,市场中噪声投资者也不断增加,而信息交易者则相对减少,投资者开始关注市场噪声,其股价非同步性贡献的增加幅度会逐步增加,增长速度也会逐渐变得更大,即噪声与其股价非同步性贡献的关系表现为增长速度边际递增,这种变化关系类似于二次函数。

为分析方便,可设定:

$$R_{NOISE}^2 = p \cdot NOISE^2 \tag{6.12}$$

其中,$NOISE$ 为噪声,R_{NOISE}^2 为噪声的股价非同步性贡献,$p(>0)$ 为此市场反应方式中对噪声的反应程度。

将式(6.5)、式(6.8)和式(6.12)代入模型(6.11),得:

$$DG = m \cdot \ln(SINF) + p \cdot NOISE^2$$
$$= m \cdot \ln(SINF) + p \cdot \left(\frac{1}{a \cdot SINF}\right)^2 \tag{6.13}$$

则：

$$\frac{\partial DG}{\partial SINF} = \frac{m}{SINF} + \frac{-2p}{a^2 \cdot SINF^3}$$

$$= \frac{ma^2 \cdot SINF^2 - 2p}{a^2 \cdot SINF^3}$$

(6.14)

令：$\frac{\partial DG}{\partial SINF} = 0$，则：$ma^2 \cdot SINF^2 - 2p = 0$，$SINF = \frac{\sqrt{2p}}{\sqrt{m} \cdot a}$。

当 $SINF < \frac{\sqrt{2p}}{\sqrt{m} \cdot a}$ 时，$\frac{\partial DG}{\partial SINF} < 0$，$SINF$ 与 DG 负相关；当 $SINF >$

$\frac{\sqrt{2p}}{\sqrt{m} \cdot a}$ 时，$\frac{\partial DG}{\partial SINF} > 0$，$SINF$ 与 DG 正相关，见图 6.3(a)。

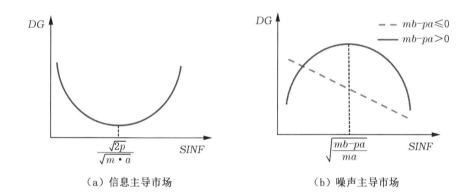

（a）信息主导市场　　　　　　　　　　（b）噪声主导市场

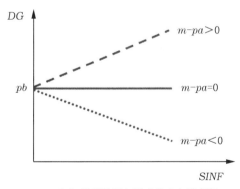

（c）特质信息与噪声均非主导市场

图 6.3　特质信息与股价非同步性的关系

因此,此时,$SINF$ 与 DG 的关系表现为正 U 形。由此提出命题 6.1。

命题 6.1 信息主导的市场中,特质信息与股价非同步性的关系为正 U 形。

命题 6.1 说明,在一个信息主导的市场中,当特质信息较少时,特质信息与股价非同步性为负相关关系,即随着特质信息的逐渐增多,股价非同步性是下降的;当特质信息的量达到一定水平 $[\sqrt{2p}/(\sqrt{m} \cdot a)]$ 后,特质信息与股价非同步性的关系转变为正相关,随着特质信息的逐渐增多,股价非同步性是增加的。这个转折点取决于市场对特质信息与噪声的反应程度 m 和 p(在信息主导市场,p 一般较小),当 m 相对较大时,$\sqrt{2p}/(\sqrt{m} \cdot a)$ 相对较小,市场中特质信息的披露量较容易达到该水平值,从而使特质信息与股价非同步性表现为正相关关系,提高特质信息披露量有利于降低股价同步性,提高市场信息效率。而在一个对特质信息反应程度 m 相对较小的市场中,$\sqrt{2p}/(\sqrt{m} \cdot a)$ 相对较大,即使特质信息披露水平较高,仍有可能小于临界值,特质信息与股价非同步性的关系仍表现为负相关。

6.5.2 噪声主导市场下的特质信息与股价非同步性关系

在噪声主导市场下,特质信息与其股价非同步性贡献的关系表现为二次函数型[式(6.6)],特质信息与噪声的关系表现为开口向下的二次函数型关系[式(6.9)]。同样,为了求解模型(6.11),首先要确定噪声主导市场下市场对噪声的反应方式。

与上述分析相同,在噪声主导的市场中,市场中的投资者主要是噪声交易者,对信息不敏感,主要依据噪声交易。当噪声开始增加时,大多数投资者仍依据市场噪声进行投资决策,因此,噪声的增加会导致其股价非同步性贡献大幅度增大;但随着噪声的不断增多,其股价非同步性贡献的增加幅度会逐步减少(随着市场逐步成熟,噪声交易者会逐步减少,会限制噪声对股价非同步性贡献的增加幅度),增长速度也会逐渐变小,即表现为噪声与其股价非同步性贡献的关系表现为增长速度边际递减,这种变化关系类似于对数型函数。

为方便分析,可设定:

$$R_{NOISE}^2 = p \cdot \ln(NOISE) \tag{6.15}$$

其中,$NOISE$ 为噪声,R_{NOISE}^2 为噪声的股价非同步性贡献,$p(>0)$ 为此市场反应方式中对噪声的反应程度。

将式(6.6)、式(6.9)和式(6.15)代入模型(6.11),得:

$$DG = m \cdot SINF^2 + p \cdot \ln(NOISE) \qquad (6.16)$$
$$= m \cdot SINF^2 + p \cdot \ln(b - a \cdot SINF^2)$$

则：

$$\frac{\partial DG}{\partial SINF} = 2m \cdot SINF + p \cdot \frac{-2a \cdot SINF}{b - a \cdot SINF^2} \qquad (6.17)$$
$$= \frac{-2ma \cdot SINF^3 + 2(mb - pa) \cdot SINF}{b - a \cdot SINF^2}$$

由式(6.17)可以发现：

若 $mb - pa \leqslant 0$，则 $\frac{\partial DG}{\partial SINF} < 0$，此时，$SINF$ 与 DG 负相关。

若 $mb - pa > 0$，令 $\frac{\partial DG}{\partial SINF} = 0$，则 $-2ma \cdot SINF^3 + 2(mb - pa) \cdot SINF$，

$SINF = \sqrt{\dfrac{mb - pa}{ma}}$。

因此，当 $SINF < \sqrt{\dfrac{mb - pa}{ma}}$ 时，$\frac{\partial DG}{\partial SINF} > 0$，$SINF$ 与 DG 正相关；当 $SINF >$

$\sqrt{\dfrac{mb - pa}{ma}}$ 时，$\frac{\partial DG}{\partial SINF} < 0$，$SINF$ 与 DG 负相关。具体情况见图 6.3(b)。

因此，此时 $SINF$ 与 DG 为负相关或倒 U 形关系。由此提出命题 6.2。

命题 6.2　噪声主导的市场中，特质信息与股价非同步性的关系为负相关或倒 U 形。

命题 6.2 说明，在一个噪声主导的市场中，特质信息与股价非同步性的关系取决于市场对特质信息和噪声的反应程度。在对特质信息反应程度较低，而对噪声的反应程度较高的市场中($mb - pa \leqslant 0$)，特质信息与股价非同步性始终表现为负相关关系；在这样的市场中，信息的作用较弱，交易者主要依据噪声交易，特质信息的增加并不能提高股价非同步性，股价非同步性的提高主要是噪声的作用。在对特质信息反应程度较高，而对噪声的反应程度相对较低的市场(使得 $mb - pa > 0$)中，特质信息与股价非同步性表现为倒 U 形关系，即当特质信息较少时，特质信息与股价非同步性为正相关关系，即随着特质信息的增加，股价非同步性也增加；但存在一个临界点 $[\sqrt{(mb - pa)/ma}\,]$，当特质信息大于该临界点时，随着特质信息的增多，股价非同步性下降，市场信息效率降低。在噪声主导的市场中，一般对特质信息反应程度较低，对噪声反应程度 p 较高，信息临界点 $[\sqrt{(mb - pa)/ma}\,]$ 往往较小，特质信息的披露量较易达到该水平。所

以,整体而言,在噪声主导的市场中,特质信息与股价非同步性表现为负相关关系,不利于市场信息效率的提高。

6.5.3 特质信息与噪声均非主导市场下的特质信息与股价非同步性关系

在特质信息与噪声均非主导的市场中,市场处于一种理想的情况,特质信息与其股价非同步性贡献之间表现为正线性相关关系[式(6.7)],特质信息与噪声的关系表现为负线性相关关系[式(6.10)]。为了求解模型(6.11),也要确定噪声主导市场下市场对噪声的反应方式。

在这种理想的情况下,噪声与其股价非同步性贡献也表现为正线性关系。为方便分析,设定:

$$R^2_{NOISE} = p \cdot NOISE \qquad (6.18)$$

其中,$NOISE$ 为噪声,R^2_{NOISE} 为噪声的股价非同步性贡献,$p(>0)$ 为此市场反应方式中对噪声的反应程度。

值得注意的是,当特质信息与噪声完全负相关(较强的相关性)时,若要进行实证分析,则式(6.3)将不再适用。

式(6.3)则变为:

$$
\begin{aligned}
r_{i,t} &= \alpha_i + \beta_i r_{m,t} + \gamma_i r_{j,t} + \lambda_i SINF_{i,t} + \phi_i NOISE_{i,t} + \eta_{i,t} \\
&= \alpha_i + \beta_i r_{m,t} + \gamma_i r_{j,t} + \lambda_i SINF_{i,t} + \phi_i (b - a \cdot SINF_{i,t}) + \eta_{i,t} \quad (6.19) \\
&= \alpha_i + \beta_i r_{m,t} + \gamma_i r_{j,t} + (\lambda_i - a\phi_i) SINF_{i,t} + b\phi_i + \eta_{i,t} \\
&= l_i + \beta_i r_{m,t} + \gamma_i r_{j,t} + k_i SINF_{i,t} + \eta_{i,t}
\end{aligned}
$$

其中,$l_i = \alpha_i + b\phi_i$,$k_i = (\lambda_i - a\phi_i)$。

式(6.19)相当于式(6.2)。当特质信息与噪声完全负相关(较强的相关性)时,进行实证分析时可采用式(6.2)。

此时,根据前文中特质信息、噪声与其股价非同步性贡献以及特质信息与噪声的关系设定,可以得到特质信息和噪声对股价非同步性的总贡献为:

$$DG = (m - pa) \cdot SINF \qquad (6.20)$$

可以得到:

(1)如果 $a=1$ 且 $m=p$,$DG=0$ 为定值。$a=1$ 说明噪声与信息完全负相关;$m=p$ 说明噪声与信息的市场反应完全相同,噪声与信息完全互补,其市场作用完全抵消。在这种情况下,股价非同步性应为 0,亦即股价非同步性与市场信息效率无关。

如果 $a=1$,但 $m>p$,说明尽管噪声与信息完全负相关;但市场对信息的反应程度大于对噪声的反应,总体表现为信息对市场的影响,即特质信息越多,股价非同步性越高,特质信息与股价非同步性表现为正线性关系。当然,这种情况下,由于噪声的影响,特质信息的股价非同步性贡献是较弱的。

如果 $a=1$,但 $m<p$,说明市场对噪声的反应程度大于对信息的反应,总体表现为噪声对市场的影响。特质信息的增加意味着噪声的增大,从形式上看,股价非同步性随特质信息的增加而增加,但实际上,股价非同步性增加是源于噪声的增加,并非反映市场信息效率增加,也就是说,此时股价非同步性衡量市场信息效率是无效的。

(2)若 $a\neq1$,特质信息与股价非同步性的关系,则取决于市场对信息和噪声的反应程度 m 与 p、信息与噪声的对比关系 a,可以将 pa 看成噪声折算为信息(噪声的信息当量)的反应程度。

这样:当 $m-pa>0$ 时,总体表现为信息对市场的影响,即特质信息越多,股价非同步性越高。股价非同步性与特质信息线性正相关。

当 $m-pa<0$ 时,总体表现为噪声对市场的影响,此时,股价非同步性与特质信息线性负相关,特质信息越多,股价非同步性越低,股价非同步性不是衡量市场信息效率的有效指标。

当 $m-pa=0$ 时,噪声与信息的市场作用完全抵消。在这种情况下,股价非同步性为 0,亦即股价非同步性与市场信息效率无关。

具体情况如图 6.3(c)所示。由此提出命题 6.3。

命题 6.3　在特质信息与噪声均非主导市场的情况下,特质信息与股价非同步性的关系取决于市场对信息和噪声信息当量的反应程度。当市场对信息的反应程度大于(小于)对噪声信息当量的反应程度时,特质信息与股价非同步性线性正相关(负相关);当市场对信息的反应程度等于对噪声信息当量的反应程度时,股价非同步性与市场信息效率无关。

6.5.4　特质信息与噪声相互独立时特质信息与股价非同步性的关系

当特质信息与噪声相互独立时,特质信息与股价非同步性关系即为特质信息与其股价非同步性贡献的关系,也就是说,特质信息与股价非同步性表现为正相关关系。这与大多数研究(如胡军和王甄,2015;Condie and Ganguli,2017;何贤杰 等,2018)设定特质信息与噪声相互独立时所得出的结论一致。在此种情况下,可将股价非同步性视为市场信息效率的有效指标(如 Gul et al, 2010;伍琼 等,2016;伊志宏 等,2015、2019)。由此提出命题 6.4。

命题 6.4 在特质信息与噪声相互独立时,特质信息与股价非同步性的关系表现为正相关。

上述 4 个命题可以有效解释以往相关研究结论不一致的问题。Morck et al.(2000)发现,日本、意大利、希腊和西班牙 4 个发达市场的股价非同步性较低,这与其提出的发达市场应具有较高非同步性的观点不一致。根据命题 6.1,在信息主导的市场中,特质信息与股价非同步性的关系为正 U 形,日本、意大利、希腊和西班牙 4 个发达市场可认为是信息主导的市场,其股价非同步性较低的原因很可能是这些国家证券市场特质信息含量处于一定的水平区间[这个水平取决于各自市场对信息及噪声的反应程度 $\sqrt{2p}/\sqrt{m} \cdot a$],使得其股价非同步性处于 U 形的底部区域,即股价非同步性较低。Skaife et al.(2014)发现,德国和美国的股价非同步性与市场信息效率负相关,而英国、法国、澳大利亚和日本 4 国两者没有显著相关关系。德国和美国的股价非同步性与市场信息效率负相关,也说明这些国家证券市场特质信息含量还没有达到一定的水平,而英国、法国、澳大利亚和日本 4 国两者没有显著相关关系,说明这些国家证券市场特质信息含量达到一定的水平(即处于 U 形底部区域),只有当特质信息的披露水平超过一定量水平后,特质信息与股价非同步性才表现为正相关关系,这可能只有在强式有效市场中才能够实现。

6.6　本章小结

针对股价非同步性作为市场信息效率衡量指标饱受争议的问题,本章以市场中公司特质信息量作为股价信息含量代理指标,基于特质信息及其市场反应方式、信息与噪声关系,从理论上研究了特质信息与股价非同步性的关系,发现:

在信息主导的市场中,特质信息与股价非同步性之间表现为正 U 形关系;在噪声主导的市场中,特质信息与股价非同步性之间表现为负相关或倒 U 形关系;在信息与噪声均非主导的特殊市场中,特质信息与股价非同步性之间的关系取决于市场对信息和噪声信息当量的反应程度;在特质信息与噪声相互独立时,特质信息与股价非同步性的关系表现为正相关。

本章从理论上解释了股价非同步性不能有效测度市场信息效率的原因,并分析了股价非同步性可有效测度市场信息效率的条件与范围。由于不同市场对特质信息的反应方式不同、特质信息与噪声关系模式不同,使得股价非同步性与市场中特质信息的关系表现为正相关、负相关、正 U 形与倒 U 形及无相关性等多种类型,这导致股价非同步性并不是测度市场信息效率的有效指标;只有当公司特质信息与市场噪声完全无关时,股价非同步性才是测度市场信息效率的有效指标。

本章也从理论上解释了为什么同样是发达市场,有的股价非同步性与特质信息含量正相关,有的却负相关,有的则没有显著关系的问题。这是因为不同市场对特质信息的反应方式不同,特质信息与噪声之间的关系模式不同,从而导致股价非同步性与特质信息含量的关系模式多样,使以股价非同步性作为市场信息效率指标在某些情况下出现失效。

7 市场信息效率测度新指标：股价非同步性贡献率

7.1 引 言

在第 6 章我们详细分析了特质信息与股价非同步性的关系,发现受特质信息及其市场反应方式、特质信息与噪声关系的影响,股价非同步性与特质信息含量的关系呈现正相关、负相关、正 U 形与倒 U 形及无相关性等多种类型,从而使得以股价非同步性作为市场信息效率指标在某些情况下失效。Kelly(2014)、游家兴(2017)、杜金泉 等(2020)等认为股价非同步性不是度量市场信息效率的有效指标。

股价非同步性之所以不能有效衡量市场信息效率,是因为公司特质信息与噪声都会增加股价非同步性(Roll,1988)。因此,股价非同步性的增加是来自公司特质信息的增加,还是源于市场噪声的增加,并不能得到确定的结论。由于公司特质信息和市场噪声都是影响股价非同步性的因素,如果能将它们对股价非同步性的贡献分开,分别得到公司特质信息和市场噪声对股价非同步性贡献程度,就可计算公司特质信息对股价非同步性贡献比例,则可有效度量市场信息效率。

7.2 股价非同步性贡献率：市场信息效率测度新指标

一般情况下,在非完全有效的资本市场中,信息交易与噪声交易共存,股价非同步性应由特质信息和噪声共同决定。Li(2014)认为较高的股价非同步性与噪声有关;Dow and Han(2017)认为噪声交易降低了股价信息含量,对股价信息效率产生了不利影响。单纯认为股价非同步性是由公司特质信息引起的,可以用股价非同步性度量股价信息效率,会忽略噪声的影响,放大特质信息的作用。为了分析市场信息效率,必须剥离由公司特质信息引起的股价非同步性,也就是测度由公司特质信息引起的股价非同步性。

如果能将公司特质信息和市场噪声对股价非同步性的贡献分开,分别得到它们对股价非同步性的贡献程度,然后计算公司特质信息对股价非同步性贡献比例,则可测度由公司特质信息引起的股价非同步性,即市场信息效率。

在考虑噪声的情况下,本章提出了测度市场信息效率的新指标:特质信息对股价非同步性的贡献率 DG_{SINF}。定义为:

$$DG_{SINF} = \frac{R^2_{SINF}}{R^2_{SINF} + R^2_{NOISE}} \tag{7.1}$$

其中,R^2_{SINF} 为公司特质信息股价非同步性贡献指标;R^2_{NOISE} 为噪声股价非同步性贡献指标(其计算方法见 6.2 节),则 $R^2_{SINF} + R^2_{NOISE}$ 为股价非同步性贡献总指标,即股价非同步性指标,记为 DG。

该新指标反映了由特质信息引起的股价非同步性占总股价非同步性的比例,反映了特质信息对股价非同步性的贡献,克服了用股价非同步性度量市场信息效率的不足,更准确地反映了市场信息效率。

股价非同步性越大,说明由公司特质信息和噪声共同引起的股价波动越大,因此并不能准确反映公司特质信息对股价波动的贡献。而特质信息对股价非同步性的贡献率则反映了在由公司特质信息和噪声共同引起的股价波动中公司特质信息对股价波动的贡献程度;该贡献程度越大,说明公司特质信息对股价波动的影响越大。因此,可有效测度市场信息的贡献,即市场信息效率。

7.3　特质信息与股价非同步性贡献率的关系

根据第 6 章的分析,由于在不同市场环境下,特质信息的市场反应方式、信息与噪声的关系模式不同,使得特质信息与股价非同步性贡献之间存在多种复杂的关系(如 U 形、倒 U 形、线性、无相关性等),这些是以股价非同步性作为市场信息效率指标,实证研究中得出不一致结论的主要原因,也是导致股价非同步性不能有效度量市场信息效率的原因。

那么,特质信息与其股价非同步性贡献率之间存在什么关系? 是否也像特质信息与股价非同步性一样存在多种复杂的关系,使得该新指标产生无效的情况? 为此,本章运用与第 6 章相同的分析方法,采用最大化股价非同步性贡献率的方法,研究特质信息与其股价非同步性贡献率的关系。

为此,建立如下优化模型:

$$\text{Max}: DG_{SINF} = R^2_{SINF}/(R^2_{SINF} + R^2_{NOISE})$$
$$St: R^2_{SINF} = f(SINF)$$
$$R^2_{NOISE} = g(NOISE)$$
$$NOISE = l(SINF) \tag{7.2}$$

可以发现,求 DG_{SINF} 的最大值等价于求 $R^2_{SINF} - R^2_{NOISE}$ 的最大值,因为:

$$\frac{\partial(R^2_{SINF} - R^2_{NOISE})}{\partial SINF} = f'(SINF) - g'(NOISE) \cdot l'(SINF) \tag{7.3}$$

根据前文,特质信息和噪声与其股价非同步性贡献之间为正相关关系,特质信息与噪声为负相关关系。因此,有:

$$f'(SINF) \geqslant 0, g'(NOISE) \geqslant 0, l'(SINF) \leqslant 0$$

则:

$$\frac{\partial(R^2_{SINF} - R^2_{NOISE})}{\partial SINF} \geqslant 0 \tag{7.4}$$

这说明特质信息与其股价非同步性贡献率之间是正相关关系,即特质信息增加,其股价非同步性贡献率增大。

可以发现,尽管特质信息与股价非同步性贡献的关系多种多样,特质信息与噪声的关系也存在多种模式,但是特质信息与其股价非同步性贡献率关系总是正相关,这说明提高特质信息虽然不一定能够有效提高股价非同步性,但可以提高其股价非同步性贡献率。由此提出命题 7.1。

命题 7.1 特质信息与其股价非同步性贡献率之间存在正相关关系。

命题 7.1 说明,无论特质信息与其股价非同步性贡献存在何种关系、与噪声之间的关系如何变化,特质信息与其股价非同步性贡献率的关系均为正相关;特质信息的增加一定会增加其股价非同步性贡献率,从而克服特质信息与股价非同步性贡献之间存在的多种复杂关系问题,有效地解决了以股价非同步性作为市场信息效率的指标实证研究中得出不一致结论的问题,即股价非同步性不能有效度量市场信息效率的问题。这也从理论上证明特质信息股价非同步性贡献率是测度市场信息效率的有效指标。

在实际应用中,可以在股价非同步性最大化的基础上,进一步提高特质信息的股价非同步性贡献率,以提高市场信息效率。

7.4　本章小结

针对股价非同步性作为市场信息效率衡量指标饱受争议的问题,本章建立了公司特质信息股价非同步性贡献率指标来测度市场信息效率;基于各相关变量之间的相关关系,研究了特质信息与其股价非同步性贡献率的关系。结果发现:不论特质信息与其股价非同步性贡献、与噪声的关系如何变化,特质信息与其股价非同步性贡献率的关系均为正相关关系,即特质信息披露量越多,股价非同步性贡献率越高。

本章提出的股价非同步性贡献率指标可有效解决以股价非同步性作为市场信息效率指标在某些情况下出现失效的问题。从理论上证明了特质信息与股价非同步性贡献率之间存在正相关关系,因此,该指标是测度市场信息效率的有效指标。

在实际应用中,可以在股价非同步性最大化的基础上,进一步提高特质信息的股价非同步性贡献率,以提高市场信息效率。对理论研究者及市场监管者,建议采用特质信息股价非同步性贡献率指标衡量市场信息效率,以提高市场信息效率度量的科学性。

8 中国证券市场信息效率实证研究

8.1 引 言

与西方发达金融市场相比,中国股票市场存在严重的股价"同涨同跌"现象。如何降低股价同步性,提高股价特质信息含量一直是中国政府及学术界关心的热点话题。然而,对于较低的股价同步性代表的是公司特质信息还是噪声这个基本问题,目前并没有得到满意的回答。根据前面的理论研究发现,在任何不完全有效的资本市场中,公司特质信息与噪声是共存的,R^2 是一个混合公司特质信息和噪声的综合指标。那么,中国股票市场中股价非同步性与特质信息之间存在什么关系? 信息的股价非同步性贡献率是否能有效测度市场信息效率?

为此,本章首先应用中国股票市场数据,采用主成分分析法构造公司特质信息指标,参考林忠国 等(2012)的方法得到噪声指标;并研究公司特质信息与市场噪声的关系。

其次,参考 Durnev et al.(2003),分析得出公司特质信息及噪声对个股收益率的解释程度(R^2),构造测度市场信息效率的新指标——股价非同步性贡献率,并研究中国股票市场对公司特质信息的反应方式。

再次,实证分析公司特质信息与股价非同步性及其贡献率之间的关系。

最后,分析不同市场环境下、不同板块中,中国股票市场中股价非同步性驱动因素的差异。

8.2　理论分析与研究假设

8.2.1　股价非同步性与公司特质信息的关系

与其他证券市场相同,中国股票市场的价格波动也是由系统性风险因子、公司特质信息及噪声所引起的波动共同构成。由于所有股票均受到同一系统性风险因素的影响,因此股价非同步性的差异是由特质信息或噪声,或它们共同决定。"信息解释说"认为投资者利用私有信息进行交易以获取超额收益,这种套利行为使得公司特质信息逐步融入公司股价之中,导致股价同步性下降;但投资者利用私有信息进行套利交易是有前提的,即获得的收益要大于或等于信息搜集成本(Lee and Liu,2011)。"信息解释说"无法解释市场中超额波动率现象(French and Roll,1986),De Long et al.(1990)发现噪声交易与股价波动正相关,因此,噪声也会影响股价非同步性。Hou et al.(2013)认为在非完全有效的资本市场中,信息交易与噪声交易共存,股价非同步性是由公司特质信息和噪声共同决定的。

股价非同步性与特质信息的关系,同时取决于公司特质信息与噪声的关系。信息交易和噪声交易往往呈反向关系:当市场信息环境好时,投资者信息搜集的成本小于获得的收益,信息交易增加,同时噪声交易下降;反之,当信息环境不好时,投资者信息搜集的成本大于获得的收益,此时信息交易下降,噪声交易增加。在一段时间内,信息交易和噪声交易往往有一者主导市场,决定股价同步性。一般认为,西方发达国家的股票市场由于成熟度较高,信息交易是股价同步性降低的主要驱动因素(Morck et al.,2000;Chan and Hameed,2006;王亚平 等,2009);Hu and Liu(2013)、林忠国 等(2012)认为中国股票市场成熟度不高,股价同步性的主要驱动因素是噪声。

多数学者认为股价非同步性与特质信息之间存在单调递增关系(Morck et al.,2000;West,1988);但张永任和李晓渝(2010)发现,在中国证券市场中,股价非同步性与特质信息含量之间呈现 U 形的非线性关系;林忠国 等(2012)发现,股价非同步性与特质信息或噪声之间均存在 U 形关系。

尽管从理论上讲公司特质信息和噪声之间存在此消彼长的关系,但这种关系并不是简单的线性关系,它们对股票波动性及股价非同步性的影响也并不是线性关系。当市场中噪声很大(噪声主导市场),噪声的进一步增加及信息交易的进一步减少导致的股票波动增幅可能不大(边际递减效应);相反,信息交易增加引起的波动增加可能大于噪声减少导致的股票波动幅度减少,使股价非同步性随着信息交易的增加而上升。在信息交易主导的市场,噪声引起的股票波动增加可能大于信息交易减少导致的波动减少,同样使股价非同步性随着噪声交易的增加而上升。在噪声与信息交易相当的市场,噪声与信息交易增减引起股价波动的增减可能相互抵消,使其股价非同步性与特质信息和噪声的关系不密切。

林忠国 等(2012)发现中国股票市场股价非同步性整体表现为噪声;肖争艳等(2021)认为在中国股票市场中,投资者以散户为主且受非理性情绪影响严重,资产价格中包含更多的是噪声而非公司基本面信息。他们认为中国股票市场是噪声主导的市场。李伟强和张守信(2022)发现在中国股票市场中,价值信息决定着个股预期收益率,而噪声信息与个股收益率无关。陈梦根和毛小元(2007)实证发现,在中国股票市场中,公司特质信息决定了公司股价波动的高低,而噪声主要为市场提供流动性。另外,已有研究发现机构投资者已成为中国股票市场中的决定性因素,机构投资者提高了市场投资者的理性程度,推动了股票价格对公司特质信息的吸收,而机构投资者是典型的信息交易者(游家兴和汪立琴,2012;潘宁宁和朱宏泉,2015;孙显超 等,2019)。这些均说明中国股票市场是信息主导的市场。

根据上面的分析,结合第 6 章的研究结论,在信息主导市场中,特质信息与股价非同步性的关系为正 U 形;在噪声主导市场中,特质信息与股价非同步性的关系为负相关或倒 U 形,由此提出假设 8.1 及分假设 8.1a 和 8.1b:

假设 8.1 中国股票市场股价非同步性与公司特质信息呈 U 形关系。

假设 8.1a 中国股票市场是信息主导的市场,股价非同步性与公司特质信息呈正 U 形关系。

假设 8.1b 中国股票市场是噪声主导的市场,股价非同步性与公司特质信息呈负相关或倒 U 形关系。

8.2.2 不同市场环境下股价非同步性驱动因素影响分析

中国证券市场中存在显著的牛熊市环境变化。在牛市环境中,市场上充斥着大量的利好信息,投资者容易受到高涨情绪的影响,噪声交易也较多(黄锐,2015);相对而言,在熊市环境中,投资者相对比较理性,投资者情绪较为低迷,噪声交易较少,继续投资更容易被认为是价值投资,而在牛熊市转换阶段,各种信息交织出现,中小投资者往往更容易追随机构投资者,表现出明显的"羊群行为"(程天笑 等,2014;姚禄仕 等,2018),此时,噪声交易者会少于牛市环境,但仍可能存在相当比例。因此,在不同市场环境中,公司特质信息和噪声对股价非同步性的影响存在差异。

公司特质信息和噪声对股价非同步性的影响,首先取决于各个市场的制度环境及成熟度,其次与市场所处的环境有关。在西方股票市场,由于市场成熟度较高,整体同步性较低(Roll,1988),而且公司特质信息无论是牛熊市都是股价非同步性的主要驱动因素。在这样的市场中,在牛市环境中,噪声对股价非同步性的影响程度有所提高,但并不是主要驱动因素;在熊市环境中,尽管噪声对股价非同步性的影响程度有所下降,但信息交易者依据信息的交易也会更为谨慎,市场仍然可能为信息主导。

在中国股票市场中,Hu and Liu(2013)、林忠国 等(2012)等发现股价非同步性整体表现为噪声,但是并不能说明中国股票市场的股价非同步性就是噪声主导。而且,在不同的市场环境中,特质信息和噪声对股价非同步性的影响程度可能有所不同。在中国股票市场中,较低的股价非同步性代表着较高的噪声还是较高的特质信息,还有待验证。当然,随着中国股票市场的逐步成熟,股价非同步性具有逐年上升的趋势,但不可否认,中国股票市场中噪声仍然很多。尽管如此,在中国股票市场中,公司特质信息和噪声对股价非同步性的贡献程度,仍可能随市场环境不同而存在差异。在牛市环境中,市场上充斥着大量的利好信息,机构投资者更乐意依据信息交易,交易者也更容易受到高涨情绪的影响,导致噪声交易较多(黄锐,2016)。机构投资者是中国股票市场中的决定性因素,机构投资者推动了股票价格对公司特质信息的吸收,而机构投资者是典型的信息交易者,导致了中国股票市场在牛市环境中是信息主导的市场。相对而言,在熊市环境中,投资者情绪低迷,交易清淡,投资者相对比较理性,理性投资者依据信息的交易也会减少,特质信息的增加对降低股价非同步性的作用有所降低;虽然噪声交易也相对较少,但在中国市场信息效率相对较低的情况下,噪声对降低股价非同步性的作用也可能超过信息对股价非同步性的影响,主导市场。在震荡市,由于市场没有明显的趋势,基于信息的交易与基于噪声的交易对市场的影响可能相当;在此环境下,机构投资者(信息交易者)的交易会下降,中小投资者(噪声交易者)的"羊群行为"会明显增加(程天笑 等,2014;姚禄仕 等,2018),导致市场是受信息主导还是噪声主导并不明确,即特质信息与股价非同步性没有显著相关性。由此提出假设8.2:

假设 8.2 不同市场环境中,公司特质信息对股价非同步性的影响存在差异。其中,在牛市中,特质信息与股价非同步性仍然为正 U 形关系;在熊市中,公司特质信息与股价非同步性的关系整体表现为负相关;在震荡市中,特质信息对股价非同步性的影响具有不确定性。

8.2.3 不同市场板块中股价非同步性驱动因素影响差异分析

目前,中国股票市场已形成以主板、中小板及创业板、科创板为代表的多层次格局,不同板块市场在经营年限、信息披露程度、股东人数、股本以及投资者结构等方面存在显著差异。一般而言,主板上市的企业处于成熟阶段,公司治理结构完善、信息透明度高、公司估值相对容易,因此在主板市场上的投资(特别是机构等理性投资者的投资),更多体现的是价值投资,其股价中可能包含相对较多的公司特质信息和相对较少的噪声,也就是说在主板市场上,公司特质信息对股价非同步性的影响程度会增大,噪声对股价非同步性的影响程度会下降;当然,这种影响也与市场环境有关,根据上述分析,牛市中的噪声大于熊市中(黄锐,2016),因此,公司特质信息对股价非同步性的影响在熊市环境中更为显著。

在中小板上市的企业中,大多具有高成长性、风险较大的特点。一般而言,中小板上市企业的公司治理水平和信息透明度相对主板上市公司较低,企业估值难度较大。尽管有些机构投资者(如 QFII)具有价值发现方面的独特优势,能使更多公司特质信息融入股价中,但由于企业较难估值,国内多数机构投资者受能力所限,会减少在中小板市场上的投资,不利于公司特质信息的价值发现,因此,中小板市场投机氛围较浓、波动性大的特征,更多体现了噪声交易的影响。也就是说在中小板市场上,噪声对股价非同步性的影响会增大,而公司特质信息的影响则会下降。

在创业板上市的企业一般是处于初创期的高科技企业,其信息透明度更低、估值更为困难,投资风险更大。尽管仍然有具有价值发现优势的机构投资者投资于创业板公司,有利于公司特质信息融入股价中,提高股价非同步性;创业板具有更大的波动性,更浓的投机氛围,主要体现的是噪声,而且噪声对股价非同步性的影响大于中小板市场。由此提出假设 8.3:

假设 8.3 不同板块中,公司特质信息和噪声对股价非同步性的影响存在差异,其中,主板中,公司特质信息与股价非同步性为正 U 形关系,股价非同步性是信息主导;在中小板及创业板中,公司特质信息与股价非同步性为倒 U 形关系,股价非同步性是噪声主导。

8.2.4 公司特质信息与其股价非同步性贡献率

根据命题 7.1,尽管特质信息与股价非同步性贡献的关系多种多样,特质信息与噪声的关系也存在多种模式,但是特质信息与其股价非同步性贡献率总是正相关,这说明提高特质信息虽然不一定能有效提高股价非同步性,但可以提高其股价非同步性贡献率。在中国股票市场中,特质信息的增加一定会增加其股价非同步性贡献率。

此外,该结论不受市场环境和市场板块的影响。

由此提出假设 8.4 及分假设 8.4a 和 8.4b:

假设 8.4 中国股票市场特质信息与其股价非同步性贡献率之间存在正相关关系。

假设 8.4a 不同市场环境下中国股票市场特质信息与其股价非同步性贡献率之间仍为正相关关系。

假设 8.4b 不同市场板块下中国股票市场特质信息与其股价非同步性贡献率之间仍为正相关关系。

8.3 变量说明及模型构建

8.3.1 变量说明与构建

公司特质信息和噪声指标的构建及股价非同步性贡献率的计算是本章研究的基础。

8.3.1.1 公司特质信息指标

由于公司特质信息无法直接度量,现有的研究大多是从某个方面直接或间接度量公司特质信息,如 Lee and Liu(2011)分别使用 PIN、非流动性、上市时间、机构持股及分析师预测误差和波动性作为公司特质信息代理指标;周林洁(2014)使用交叉上市、第一大股东持股比例,游家兴(2017)、张大永 等(2020)等使用机构持股,王艳艳(2014)、刘海飞 等(2017)等使用自愿信息披露,顾小龙等(2017)使用监管处罚,张大永 等(2020)使用分析师预测,王立章 等(2016)使用国有股比例等作为公司特质信息代理指标。鉴于公司特质信息的复杂性,单个指标往往难以做到对公司特质信息的全面度量,并且现有相关指标之间可能存在较强的相关性。为此,本章首先分析选取与公司特质信息有关的直接或间接指标,然后采用主成分分析法构建公司特质信息指标。

(1)现有特质信息度量主要指标

根据现有研究(张永任和李晓渝,2010;Lee and Liu,2011;胡军和王甄,2015;顾小龙 等,2017;张大永 等,2020),本章拟采用以下指标用于构造主成分分析指标:

①上市交易时间(AGE):公司上市交易时间越长,其主动披露或者被投资者挖掘的公司特质信息越多,则股价非同步性越高;参考 Pastor and Veronesi (2003),AGE 按年计(每年 365 天)。

②股权集中度(CEN):采用第一大股东持股比例来计算股权集中度。Gomes(2000)认为高股权集中度公司更愿意披露公司特质信息。因此,上市公司的股权集中度越高,其股价中的信息含量越高,从而其股价非同步性越高。

③公司规模(SIZE):公司的市场规模越大,其受到新闻媒体等关注的程度会越高,从而披露的特质信息会越多,股价吸收公司的特质信息也越多,股价非同步性则会越大。采用年末总资产的自然对数值来计算公司规模。

④财务杠杆(LEV):采用资产负债率作为代理变量。资产负债率较高的企业可能更加不愿意披露自身所面临的财务风险,掩盖公司的不良信息,从而降低了股票价格中的特质信息含量,进而降低了股价非同步性。

⑤股权收益率(ROE):股权收益率是度量上市公司获利能力的重要指标,企业的获利能力越强,越容易获得投资者的关注,股票价格中所包含的公司特质信息则会越多,因此股价非同步性可能越高。

⑥公司成长性(AM):用总资产/流通市值作为代理变量。一般而言,其值越低,公司的成长性越高。高成长性企业往往是规模较小的企业,其信息披露的数量与质量相对较差,因此推测该指标与股价非同步性负相关。

⑦股票换手率(TURNO)(或非流动性、流动性指标):股票的换手率越高,通常反映在交易中特质信息进入股价的概率越大,从而使得股价非同步性越高。本章采用股票季度内的平均换手率作为股票换手率的代理变量。也可以用非流动性指标,因为高流动性的股票含有更多公司特质信息[Lee and Liu (2011)认为,当一家企业是信息有效时,市场做市商将面临较小的来自潜在信息交易者的逆向选择。任意一个给定的交易是信息交易的概率是小概率,而且,当交易订单流存在不平衡时,做市商对股票价格的调整是微小的]。

⑧分析师预测误差。分析师投入的精力越多,其盈余预测越准确,公司特质信息越容易进入股价中(Lee and Liu,2011)。本章用盈余预测误差测量分析

师预测的准确性。分析师预测误差越小,股价非同步性越高。

⑨分析师预测的波动性。分析师盈余预测越准确,预测的分散性越小,公司特质信息越容易进入股价中。参考 Krishnaswami and Subramaniam (1999),本章用分析师盈余预测的分散性测度预测的波动性,波动性越小,股价非同步性越高。

有些文献(Lee and Liu,2011;游家兴 等,2008)使用机构投资者持股作为公司特质信息代理指标,本章不采用该指标,原因在于,该指标使用的前提是认为机构投资者为完全理性投资者和信息交易者,这在西方发达资本市场是较合适的,但在中国资本市场,机构投资者存在较严重的"羊群效应"和散户化特征(游家兴,2008),用机构投资者持股比例代理公司特质信息存在较大误差。有些文献(Lee and Liu,2011;林忠国 等,2012)使用 PIN 指标作为公司特质信息代理,无论是 PIN、VPIN,还是改进指标,主要用来度量知情交易概率或者信息不对称程度(订单不均衡性),事实上,订单不均衡不仅仅是由于投资者掌握了公司特质信息,对于宏观(包括行业)层面信息的过度反应,也可能带来订单的不均衡,因此,用信息引起的订单不均衡作为公司信息的代理变量未必恰当。

另外一些指标,如是否存在自愿信息披露、是否为国有控股、是否开通微博等,尽管这些指标也可以反映公司特质信息,但它们一般为虚拟变量,对公司特质信息的反映是间接的,过于粗略,并且前面所述指标对这些指标也有一定的覆盖。因此,本章不用这些指标来构造主成分分析指标(后文分析中可考虑将这些指标作为控制变量)。

(2)主成分分析法

本章采用全局主成分分析的原理和方法构造公司特质信息指标。主成分分析法通常应用数学中降维的方法,在初始变量较多、各个变量之间具有较大相关性的条件下,提取几个代表性变量替代较多的原始变量,从而使这些代表性变量尽可能地包含原始变量的信息,且新的代表性变量之间互不相关。现有度量特质信息的单个指标往往难以做到全面度量,且各个指标之间可能存在较强的相关性,因此,采用主成分分析法具有一定的合理性。

首先将 p 个观测变量综合成 p 个新的变量,即:

$$
\begin{cases}
F_1 = a_{11}x_1 + a_{12}x_2 + \cdots + a_{1p}x_p \\
F_2 = a_{21}x_1 + a_{22}x_2 + \cdots + a_{2p}x_p \\
\quad\quad\quad\quad\quad \vdots \\
F_p = a_{p1}x_1 + a_{p2}x_2 + \cdots + a_{pp}x_p
\end{cases}
\tag{8.1}
$$

简写为：

$$F_j = a_{j1}x_1 + a_{j2}x_2 + \cdots + a_{jp}x_p, \qquad j=1,2,\cdots,p \tag{8.2}$$

要求模型满足以下条件：

①F_i，F_j 互不相关$(i \neq j, i,j=1,2,\cdots,p)$；

②F_1 的方差大于 F_2，F_2 大于 F_3，依次类推；

③$a_{k1}^2 + a_{k2}^2 + \cdots + a_{kp}^2 = 1, k=1,2,\cdots,p$。

称 F_1、F_2、F_3 为第一、第二、第三主成分，依次类推。共有 p 个主成分。这里 a_{ij} 称为主成分系数。

主要操作步骤如下：

第一步：构造数据表：$X = [(X^1)' (X^2)' \cdots (X^T)'] \in R^{Tn \times p}$；

第二步：对数据表 X 中的元素进行标准化处理，$\widetilde{x}_{ij} = \dfrac{x_{ij} - \bar{x}_j}{s_j}$，其中，

$$\bar{x}_j = \frac{1}{Tn} \sum_{t=1}^{T} \sum_{i=1}^{n} x_{ij}, s_j^2 = \frac{1}{Tn} \sum_{t=1}^{T} \sum_{i=1}^{n} (x_{ij} - \bar{x}_j)^2$$

第三步：求经标准化处理的数据表 $\widetilde{X}$ 的协方差矩阵 $V \in R^{Tn \times p}$；

第四步：求矩阵 V 的最大特征值 λ_1、第二大特征值 $\lambda_2 \cdots$ 以及对应的特征向量 u_1、$u_2 \cdots$。各个特征向量是标准正交的。然后得到各个特征值的贡献率（单个特征值/所有特征值总和），进而得到累积贡献率（从大到小依次累积）。本章参考大多数文献的做法，假定主成分的信息保留率为 0.9，当累积贡献率$\geqslant$0.9 时停止累积，提取此时的特征值及对应的特征向量，从而得到主成分特征向量。

为保证与前文假设相一致，本章对特质信息指标 $SINF_{i,t}$ 做了归一化处理，即 $SINF \in [0,1]$。

8.3.1.2 噪声指标

Tauchen and Pitts(1983)提出混合分布假说，认为价格波动率与交易量之间存在正向关系，而这种正向关系是由特质信息决定的，此后得到一系列理论和实证的支持。大量实证研究表明，交易量不仅受到特质信息的影响，噪声也是决定因素之一（林忠国 等，2012）。参考林忠国 等(2012)，利用交易量构建噪声指标，将趋势平稳的交易量序列分解为可预测的部分（即今日交易量中可以被市场已有信息解释的）和不可预测的部分（这一部分交易量来自两个方面，一部分可能由于市场新信息带来的交易，包含市场、行业以及公司，剩下的部分为噪声交易），然后对不可预测的部分去除市场、行业（基本面因素）以及公司特质信息的影响，剩余部分即为噪声。主要操作步骤如下：

（1）获取趋势平稳的交易量序列

时间序列数据往往具有非平稳性。采用 ADF 方法检验交易量数据是否具有趋势平稳性，交易量（VOL_τ）数据为日交易量的自然对数。如果交易量序列不具有趋势平稳性，对其取差分直至平稳。

$$\Delta VOL_{i,t} = \mu_i + \beta_i t + \gamma_i VOL_{i,t-1} + \sum_{j=1}^{3} \Delta VOL_{i,t-j} + \varepsilon_{i,t} \qquad (8.3)$$

（2）ARMA 拟合

如果交易量序列具有趋势平稳性，进行 ARMA 拟合，以剔除序列相关性和可预期的因素。在 ARMA 模型中，如何确定适当的自回归阶数 p 和滑动平均阶数 q 是难点，因为样本容量较大，逐一确定滞后阶数会导致工作量很大而且容易出错，所以在 p 和 q 取值范围为 1～5 的所有组合中，选取具有最小 AIC 的 p 和 q 组合。

$$VOL_{i,t} = \mu_i + \beta_i t + \sum_{j=1}^{p} \gamma_{i,j} \cdot VOL_{i,t-j} + \sum_{k=1}^{q} \theta_{i,k} \cdot \varepsilon_{i,t-k} + \varepsilon_{i,t} \qquad (8.4)$$

（3）剔除特质信息和基本面因素

Andersen（1996）认为，ARMA 模型中交易量可以预期的部分为信息交易，不可以预期的部分为非信息交易。在确定合适的滞后阶数后，按照式（8.4）进行回归，得到残差序列，计算其方差并取自然对数，得到不可预期的交易数据。然后将不可预期交易数据对公司层面信息和基本面因素进行横截面回归，得到的残差即为噪声数据。

$$VAR_{i,t} = \alpha_i + \beta_i r_{m,t} + \gamma_i r_{j,t} + \delta_i SINF_{i,t} + \varepsilon_{i,t} \qquad (8.5)$$

其中，$VAR_{i,t}$ 为不可预期交易数据，$r_{m,t}$ 为股票 i 所属市场在 t 时的市场收益率，$r_{j,t}$ 为股票 i 所属行业 j 的行业收益率，$SINF_{i,t}$ 为股票 i 的公司特质信息指标，得到的剩余残差 $\varepsilon_{i,t}$ 可作为噪声指标 $NOISE_{i,t}$。

为保证与前文假设相一致，本章对噪声指标 $NOISE_{i,t}$ 做了归一化处理，即 $NOISE \in [0,1]$。

8.3.1.3　股价非同步性及非同步性贡献率

（1）股价非同步性

股价同步性一般通过对证券收益率的影响因素回归模型拟合优度 R^2 进行度量。为规避使用 CAPM 模型进行数值拟合时可能带来的信息含量不足的情况，本章采用 Durnev et al.（2003）的方法计算 R^2：

$$r_{i,t} = \alpha_i + \beta_i r_{m,t} + \gamma_i r_{j,t} + \varepsilon_{i,t} \qquad (8.6)$$

$$r_{i,t} = \alpha_i + \beta_i r_{m,t} + \gamma_i r_{j,t} + \lambda_i SINF_{i,t} + \mu_{i,t} \qquad (8.7)$$

$$r_{i,t} = \alpha_i + \beta_i r_{m,t} + \gamma_i r_{j,t} + \phi_i NOISE_{i,t} + \eta_{i,t} \tag{8.8}$$

$$r_{i,t} = \alpha_i + \beta_i r_{m,t} + \gamma_i r_{j,t} + \lambda_i SINF_{i,t} + \phi_i NOISE_{i,t} + \vartheta_{i,t} \tag{8.9}$$

其中，$r_{i,t}$ 为证券市场中股票 i 在 t 时的收益率，$r_{m,t}$ 为股票 i 所属市场在 t 时的市场收益率，$r_{j,t}$ 为股票 i 所属行业 j 的行业收益率，$SINF_{i,t}$ 为股票 i 的公司特质信息指标，$NOISE_{i,t}$ 为股票 i 的噪声指标，$\varepsilon_{i,t}$，$\mu_{i,t}$，$\eta_{i,t}$，$\vartheta_{i,t}$ 为随机扰动项。

以季度为周期，采用周数据进行最小二乘回归（OLS）对式（8.6）回归，得到每个季度个股的拟合优度 R^2，从而得到股价非同步性指标（$1-R^2$）。为满足在实证分析中变量正态分布的要求，对 R^2 进行 Logistic 变换，从而得到股价非同步性指标：

$$NSYNCH = \log\left(\frac{1-R^2}{R^2}\right) \tag{8.10}$$

参考黄诒蓉和白羽轩（2021）的做法，以季度为周期，采用周数据进行最小二乘回归（OLS）分别对式（8.7）、式（8.8）、式（8.9）回归后可以得到每个季度个股的拟合优度 R_1^2、R_2^2 以及 R_3^2，进而，得到公司特质信息的股价非同步性贡献 $R_{SINF}^2 = R_1^2 - R^2$ 及噪声的股价非同步性贡献 $R_{NOISE}^2 = R_2^2 - R^2$。这样，股价非同步性贡献总指标 DG 为：

$$DG = R_{SINF}^2 + R_{NOISE}^2 = R_3^2 - R^2 \approx 1 - R^2 \tag{8.11}$$

可以发现，股价非同步性贡献总指标与股价非同步性指标正相关（即 DG 增大，则 $NSYNCH$ 也同样增大，这主要是因为两者均与 R^2 负相关），两者具有一致性。在后文实证分析时，对两者不再做具体区分。

（2）股价非同步性贡献率

根据上面的分析，特质信息的股价非同步性贡献率指标 DG_{SINF} 为：

$$DG_{SINF} = \frac{R_1^2 - R^2}{R_3^2 - R^2} \tag{8.12}$$

噪声的股价非同步性贡献率指标 DG_{NOISE} 为：

$$DG_{NOISE} = \frac{R_2^2 - R^2}{R_3^2 - R^2} \tag{8.13}$$

即特质信息股价非同步性贡献率 DG_{SINF} ＝公司特有信息对个股收益率的解释程度 R_{SINF}^2／（公司特有信息对个股收益率的解释程度 R_{SINF}^2 ＋噪声对个股收益率的解释程度 R_{NOISE}^2）。噪声股价非同步性贡献率 DG_{NOISE} ＝公司特有信息对个股收益率的解释程度 R_{NOISE}^2／（公司特有信息对个股收益率的解释程度 R_{SINF}^2 ＋噪声对个股收益率的解释程度 R_{NOISE}^2）。

8.3.2 模型构建

首先,采用模型(8.14)、(8.15),实证分析中国股票市场中公司特质信息与其股价非同步性贡献、噪声之间的关系:

$$R^2_{SINF\,i,t} = \begin{cases} \alpha_0 + \beta_0 SINF_{i,t} + \varepsilon_{i,t} \\ \alpha_0 + \beta_0 SINF_{i,t} + \beta_1 SINF^2_{i,t} + \varepsilon_{i,t} \\ \alpha_0 + \ln(SINF_{i,t}) + \varepsilon_{i,t} \end{cases} \quad (8.14)$$

$$NOISE_{i,t} = \begin{cases} \alpha_0 + \beta_0 SINF_{i,t} + \varepsilon_{i,t} \\ \alpha_0 + \beta_0 SINF_{i,t} + \beta_1 SINF^2_{i,t} + \varepsilon_{i,t} \\ \alpha_0 + \dfrac{1}{SINF_{i,t}} + \varepsilon_{i,t} \end{cases} \quad (8.15)$$

然后,采用多元回归模型(个体固定效应模型[①])(8.16)、(8.17)验证理论分析所展示的股价非同步性及特质信息股价非同步性贡献率与公司特质信息的关系。

$$NSYNCH_{i,t}/DG_{i,t} = \alpha_0 + \beta_0 SINF_{i,t} + \sum_{j=1} \beta_j Control_{i,t} + \upsilon_i + \zeta_t + \varepsilon_{i,t}$$

$$(8.16)$$

$$DG_{SINF\,i,t} = \alpha_0 + \beta_0 SINF_{i,t} + \sum_{j=1} \beta_j Control_{i,t} + \upsilon_i + \zeta_t + \varepsilon_{i,t} \quad (8.17)$$

其中,υ_i 为个体效应,ζ_t 为时间效应,用以控制非同步性随时间上升趋势和宏观经济条件变化。

对于控制变量,参考相关研究(伍琼 等,2016;黄灿 等,2017;王海林和张爱玲,2019;张大永 等,2020),选取机构持股比例($INST$)、自愿信息披露(VID,0—1 变量)、是否受到监管处罚($SUPV$,0—1 变量)、审计质量($BIG4$)、行业内公司数目($INDNUM$)等作为控制变量 $Control_{i,t}$。

主要相关变量见表 8.1。

表 8.1   **主要变量**

变量类别和名称	符号	变量定义
1. 被解释变量		
拟合优度	R^2	由方程(8.6)得到

---

① 为消除扰动项中与解释变量相关的个体效应或随机效应,本章采用个体固定效应模型。

变量类别和名称	符号	变量定义
股价非同步性	$NSYNCH/DG$	由方程(8.10)、(8.11)得到
2.解释变量		
信息股价非同步性贡献率	DG_{SINF}	由方程(8.12)得到
噪声股价非同步性贡献率	DG_{NOISE}	由方程(8.13)得到
公司特质信息	$SINF$	主成分分析得到
噪声	$NOISE$	参考林忠国 等(2012)得到
3.控制变量		
机构持股	$INST$	机构持股比例,或是否机构持股(0—1)
自愿信息披露	VID	社会责任,是否进行自愿性信息披露(0—1)
监管处罚	$SUPV$	监管处罚公司是否受到监管处罚(0—1),违规事件数量
审计质量	$BIG4$	财务报表是否由四大会计师事务所审计
行业规模	$INDSIZE$	行业内各企业资产之和的自然对数
行业内公司数目	$INDNUM$	行业内公司总数量的自然对数

8.4　实证结果与分析

8.4.1　数据样本

为避免新冠疫情冲击对本章结论的影响,本章选取 2003 年 1 月 1 日至 2019 年 12 月 31 日中国 A 股市场数据为研究样本。数据来源于国泰安数据库(Csmar)和锐思(Resset)数据库。

为了消除 IPO 的影响,本章剔除上市不足 1 年的数据,并剔除被特殊处理的股票以及金融行业的股票;对主要连续变量进行上下 1% 的 Winsorize 处理。除此之外,以公司上市时间作为相应数据的起始点,对于无法获得行业收益的个股样本以该类样本数据的平均收益率进行替代。

表 8.2　　　　　　　　　　　　　　　　　主要变量描述性统计

变量类别和名称	均值	中位数	最大值	最小值	标准差	偏度	样本
1. 被解释变量							
R^2	0.464 1	0.471 6	1.000 0	0	0.197 6	−0.116 2	96 215
$NSYNCH/DG$	0.209 6	0.116 2	9.994 8	−11.676 3	1.008 2	0.829 3	96 215
2. 解释变量							
DG_{SINE}	0.489 1	0.476 0	1.000 0	0	0.337 5	0.078 3	96 215
DG_{NOISE}	0.720 0	0.879 4	1.000 0	0	0.330 9	−1.119 5	96 215
$SINF$	0.550 0	0.547 5	1.000 0	0	0.012 5	1.331 4	96 215
$NOISE$	0.565 7	0.563 6	1.000 0	0	0.041 5	0.644 5	96 215
3. 控制变量							
$INST$	11.814 9	0	172.162 7	0	20.528 6	1.762 9	96 215
VID	0.004 8	0	1.000 0	0	0.068 8	14.390 3	96 215
$SUPV$	0.148 6	0	38.000 0	0	0.581 8	15.683 1	96 215
$BIG4$	0.019 8	0	1.000 0	0	0.139 3	6.893 0	96 215
$INDSIZE$	28.521 7	28.615 8	30.812 6	19.665 0	1.747 6	−0.834 6	96 215
$INDNUM$	9.646 0	10.860 6	10.860 6	2.079 4	1.406 6	−0.593 5	96 215

（1）描述性统计

表 8.2 为各个相关变量(包括股价非同步性指标、股价非同步性贡献率、公司特质信息、噪声等)的描述性统计结果。

由表 8.2 可以看出，数据统计结果显示中国股票市场的股价同步性指标 R^2 的均值为 0.464 1，该结果与以往相关学者的研究结果(如黄灿 等，2017；饶育蕾 等，2013)基本一致，说明从整体上来说，中国股票市场上股价的变化与大盘表现出较高的一致性，这与交易者对中国股票市场的股价"同涨同跌"的现实感受一致。特质信息的股价非同步性贡献率平均值仅为 0.489 1，不足 50%，而噪声的股价非同步性贡献率平均值为 0.72，明显高于特质信息，这与肖争艳 等(2021)、Hu and Liu(2013)、林忠国 等(2012)等研究发现中国股票市场的股价非同步性整体表现为噪声具有一致性。这说明中国股票市场成熟度不高，投资者以散户为主且受非理性情绪影响严重，资产价格中包含更多的是噪声而非公司基本面信息。但是，中国股票市场的股价非同步性的主要驱动因素是否就是噪声？还需要进一步实证验证。

从特质信息和噪声的统计结果来看,两者的统计结果并没有太大差异(均值和中位数均相差不大),因此,在后续验证中国股票市场股价非同步性的主要驱动因素时,两者进行对比具有一定的合理性。

(2)相关性检验

表 8.3 为各变量之间的相关性检验结果。由表 8.3 可以看出,各变量之间并没有很强的相关性,只是特质信息与监管处罚的相关性达到 0.59,说明中国市场中的特质信息披露和市场监管中的处罚力度正相关:处罚力度越大,特质信息披露的质量、数量等越高(多)。这也启示市场监管者应当加大处罚力度,对那些披露信息较少、披露信息质量不高的企业加大处罚。

从特质信息与噪声的相关性上可以发现,两者存在负相关关系,符合特质信息与噪声关系的一般规律,这也验证了第 4、6 章中设定信息与噪声是负相关的合理性。在现实市场中,特质信息与噪声是此消彼长的关系,也就是说,当特质信息获取成本较低时,投资者较容易获取特质信息,因而运用特质信息进行交易的投资者会较多,噪声会减少;但当特质信息获取成本较高时,应用特质信息进行交易的投资者会较少,噪声会较多,信息与噪声应存在负相关关系。

表 8.3 变量之间相关性检验

	NSYNCH	SINF	NOISE	DG_{SINF}	DG_{NOISE}	INST	VID	SUPV	BIG4	INDNUM
NSYNCH	1.00									
SINF	0.06	1.00								
NOISE	0.06	−0.05	1.00							
DG_{SINF}	−0.03	−0.14	0.03	1.00						
DG_{NOISE}	0.05	0.08	−0.03	−0.39	1.00					
INST	0.05	0.29	−0.06	−0.04	0.08	1.00				
VID	−0.02	0.08	0.01	0.00	0.01	0.10	1.00			
SUPV	0.09	0.59	0.00	−0.06	0.00	−0.02	−0.01	1.00		
BIG4	0.03	0.06	0.01	−0.06	0.00	0.02	−0.01	−0.01	1.00	
INDNUM	0.11	−0.01	−0.01	−0.04	0.06	0.01	0.01	0.01	−0.02	1.00

8.4.2 实证结果与分析

8.4.2.1 全样本情况下公司特质信息与股价非同步性及股价非同步性贡献率

(1)公司特质信息与其股价非同步性贡献的关系。

根据式(8.14),应用公司特质信息与其股价非同步性贡献数据,验证中国股票市场中公司特质信息与其股价非同步性贡献的关系,如表8.4列(1)、(2)、(3)所示。

表 8.4　　　　　　　特质信息的股价非同步性贡献、噪声与特质信息关系

变量	R^2_{SINF}			NOISE		
	(1)	(2)	(3)	(4)	(5)	(6)
C	−0.383 7***	−0.492***	−0.054 7***	0.652 1***	0.703 8***	0.565 6***
	(0.010 9)	(0.032 4)	(0.004 5)	(0.005 9)	(0.017 5)	(0.000 2)
$SINF$	0.607***	0.395 3***		−0.157 2***	−0.342 4***	
	(0.019 8)	(0.111 2)		(0.010 7)	(0.060 1)	
$SINF^2$		0.347 7***			0.165 8***	
		(0.098)			(0.052 9)	
$\ln(SINF)$			0.174 7***			
			(0.007 5)			
$1/SINF$						0.000 1
						(0.000 1)
样本量	96 215	96 215	96 215	96 215	96 215	96 215
Adj. R^2	0.009 8	0.009 8	0.005 6	0.002 2	0.002 3	0.000 1

注:***、**、*分别表示在1%、5%、10%水平下显著;括号内的数字为标准误。下同。

由表8.4列(1)可以看出,$SINF$的系数显著为正,说明公司特质信息与其股价非同步性贡献之间是正相关关系,亦即特质信息披露越多,特质信息的股价非同步性贡献越大,符合特质信息与其股价非同步性贡献的一般关系;$SINF^2$的系数也显著为正[见表8.4列(2)],且其对称轴[为−0.395 3/(2×0.347 7)=−0.568 4]小于0,而$SINF\in[0,1]$,说明两者之间的关系处于该二次函数对称轴的右半边(即上升趋势的一边),即特质信息披露越多,特质信息的股价非同步性贡献越高,符合前文设定的二次函数型关系,但并不符合噪声主导下的市场关系。因为$SINF$与$SINF^2$的系数都显著为正,说明当特质信息较少时,特质信息的增加也会使其股价非同步性贡献显著增加,符合信息主导下的市场关系。为进一步检验是否为信息主导的市场,表8.4列(3)展示特质信息股价非同步性贡献与其对数[这里$\ln(SINF)$为$\ln(1+SINF)$]显著正相关,符合信息主导下的市场关系[见图6.1(a)],说明中国股票市场是信息主导的市场。

(2)公司特质信息与噪声的关系

根据式(8.15),应用公司特质信息与噪声数据,验证中国股票市场中公司

特质信息与噪声的关系,如表 8.4 中列(4)、(5)、(6)所示。

由表 8.4 列(4)可以看出,特质信息与噪声存在负相关关系,符合特质信息与噪声关系的一般规律;同时,也发现特质信息与噪声之间并不是单纯的负相关线性关系,$SINF^2$ 的系数显著为正[表 8.4 列(5)],且其对称轴[为 $-(-0.342\,4)/(2\times0.165\,8)=1.032\,6$]大于 1,同样,由于 $SINF\in[0,1]$,说明特质信息与噪声的关系满足该二次函数的左半边,即满足图 6.2(a)的形式。这与 Lee and Liu(2011)的结论一致,即噪声较多的时候,特质信息的增加会大幅减少噪声,但当噪声减少到一定程度后,特质信息的增加对噪声减少的作用显著下降;当特质信息大到一定程度时特质信息的增加对噪声减少的作用几乎为 0,即特质信息对噪声的减少具有递减效应。这也说明中国股票市场中噪声虽然较大,但仍是信息主导的市场。

(3)公司特质信息与股价非同步性的关系

应用式(8.16)分析中国股票市场中公司特质信息与股价非同步性的关系,如表 8.5 列(1)、(2)所示。

表 8.5　　　　　　　　　　　　特质信息与股价非同步性的关系

变量	DG		DG_{SINF}	
	(1)	(2)	(3)	(4)
C	0.315 2***	0.346 1***	0.153	0.155 3
	(0.019 8)	(0.044 2)	(0.189 5)	(0.423 1)
$SINF$	−0.496 3***	−0.688 3***	1.436 6***	1.445 0
	(0.035 9)	(0.151 5)	(0.343 9)	(1.464)
$SINF^2$		0.418 9***		−0.007 5
		(0.133 5)		(1.336 8)
$INST$	0.000 2***	0.000 2***	0.002 9***	0.002 9***
	(0)	(0)	(0.000 2)	(0.000 2)
VID	−0.007 7	−0.007 7	−0.415***	−0.415***
	(0.004 9)	(0.004 9)	(0.047)	(0.047)
$SUPV$	0.006 2***	0.006***	0.168 9***	0.168 8***
	(0.000 7)	(0.000 8)	(0.007 1)	(0.007 4)
$BIG4$	−0.007 4***	−0.007 4***	0.221 3***	0.221 3***
	(0.002 6)	(0.002 6)	(0.025 4)	(0.025 4)
$INDNUM$	0.005 7***	0.005 7***	0.081 4***	0.081 4***
	(0.000 2)	(0.000 2)	(0.002 3)	(0.002 3)
固定效应	是	是	是	是

续表

变量	DG		DG_{SINF}	
	(1)	(2)	(3)	(4)
样本量	96 215	96 215	96 215	96 215
Adj. R^2	0.009 1	0.009 1	0.025	0.025

由表 8.5 可以看出,特质信息与股价非同步性(DG)呈负相关关系、正 U 形关系。从 $SINF$ 的系数来看,公司特质信息与股价非同步性是负相关关系,也就是说特质信息披露越多,股价非同步性越低,即股价同步性越高。$SINF^2$ 系数显著为正,且其对称轴$[-(-0.688\ 3)/(2\times0.418\ 9)=0.821\ 6]$处于 0～1 间,说明公司特质信息与股价非同步性为正 U 形关系。这证实了假设 8.1a,同时也验证了命题 6.1,这同样说明了中国股票市场是信息主导的市场。

陶东旭(2016)发现,尽管中国股票市场一直在提高特质信息的披露水平,但是特质信息与股价非同步性的关系始终表现为负相关。这与本章的实证结论并不矛盾。虽然中国股票市场在不断提高特质信息披露量,但披露相对较少或市场对特质信息反应程度相对较低,因为中国证券市场散户较多,获取特质信息的能力较低,机构投资者对信息反应不足(游家兴,2008)等,使特质信息与股价非同步性的关系始终处于正 U 形的左半边,即特质信息与股价非同步性的关系始终表现为负相关。

林忠国 等(2012)也发现公司特质信息与股价非同步性为正 U 形关系,与本章的实证结论一致,但他们认为中国股票市场中特质信息较少、噪声较多,是噪声主导的市场。本章认为噪声较多不等于噪声主导市场,一个市场是信息主导还是噪声主导要看证券价格波动或收益率主要是由信息驱动还是由噪声驱动;在一个噪声较多的市场,如果证券价格波动或收益率主要是由信息驱动,那么这个市场仍为信息主导市场。李伟强和张守信(2022)发现在中国股票市场中,价值信息决定着个股预期收益率;陈梦根和毛小元(2007)实证发现,在中国股票市场中,公司特质信息决定了公司股价波动的高低。这些研究佐证了中国股票市场是信息主导的市场,与本章的研究结论一致。

(4)公司特质信息与其股价非同步性贡献率的关系

应用式(8.17)分析中国股票市场中公司特质信息与其股价非同步性贡献率的关系,如表 8.5 列(3)、(4)所示。由表 8.5 列(3)可以看出,特质信息与其股价非同步性贡献率呈正相关关系,即特质信息披露越多,股价非同步性贡献率越高;由表 8.5 列(4)可以看出,在公司特质信息与其股价非同步性贡献率的回归方程中,添加特质信息的二次项后,其与股价非同步性贡献率并没有表现出显著的相关关系,说明公司特质信息与其股价非同步性贡献率之间仅为线性正相关关系,不可能是 U 形或倒 U 形关系,从而验证了假设 8.4,也验证了命题7.1 的准确性。这说明在中国股票市场中,特质信息的增加一定增加其股价非同步性贡献率,从而克服特质信息与股价非同步性之间存在不确定关系的问题,有效解决以股价非同步性作为市场信息效率指标在某些情况下失效的问题。

8.4.2.2 不同市场环境下特质信息与股价非同步性及股价非同步性贡献率的关系

为分析不同市场环境下中国股票市场股价非同步性的主要驱动因素,本章将样本区间划分为"牛市""熊市"和"震荡"期间。参考李自然 等(2018)与熊航等(2017),将相应牛熊市的转折时点作为市场态势转换的过渡期,即为震荡期,结合上证综指的历史表现,进行样本区间的划分,如表 8.6 所示:

表 8.6 不同市场环境下样本区间划分

市场环境	牛市	熊市	震荡期
样本区间	2003.11—2004.3 2005.7—2007.10 2008.11—2009.7 2014.8—2015.6 2016.2—2018.1 2019.1—2019.4	2003.6—2003.10 2004.4—2005.6 2007.11—2008.10 2009.8—2013.6 2015.7—2016.1 2018.2—2018.12	2003.1—2003.5 2003.10—2003.11 2004.3—2004.4 2005.6—2005.7 2007.10—2007.11 2008.10—2008.11 2009.7—2009.8 2013.6—2014.8 2015.6—2015.7 2016.1—2016.2 2018.1—2018.2 2018.12—2019.1 2019.5—2019.12

市场震荡样本是以牛熊市样本的划分为基础,以两者之间转折时点作为市场震荡的样本区间以及其他未分配在牛熊市内的其他时间段。

为了保证实证结论的稳健性,本章在实证分析部分对时间节点进行重新调整划分(前后 1 个月就近调整)后做了稳健性检验,重新实证分析后发现除了计算数据有所不同外,得出的基本结论完全相同。

(1)不同市场环境下公司特质信息与股价非同步性的关系

应用模型(8.16)检验不同市场环境下,股价非同步性与公司特质信息关系,结果见表8.7。

表8.7   不同市场环境下,公司特质信息与股价非同步性

变量	NSYNCH					
	牛市		震荡市		熊市	
C	0.553***	1.270 1***	0.031 1	0.032 8	0.252 4***	0.262 2***
	(0.048 1)	(0.198 1)	(0.036 1)	(0.113 5)	(0.024 5)	(0.048 5)
$SINF$	−0.917 8***	−3.511 8***	−0.003 3	−0.009 3	−0.390 4***	−0.428 4**
	(0.087 8)	(0.700 6)	(0.065 4)	(0.389 9)	(0.044 4)	(0.167 9)
$SINF^2$		2.345 6***		0.005 3		0.036 7
		(0.628 5)		(0.343 5)		(0.156 1)
$INST$	0.000 1	0.000 1	0.000 4***	0.000 4***	0.000 3***	0.000 3***
	(0.000 1)	(0.000 1)	(0)	(0)	(0)	(0)
VID	−0.063 7***	−0.063 9***	—	—	0.007 9	0.007 9
	(0.012 6)	(0.012 6)			(0.005 3)	(0.005 3)
$SUPV$	0.005 7***	0.002 5	0.000 9	0.000 9	0.007 4***	0.007 3***
	(0.001 8)	(0.002)	(0.001 1)	(0.001 2)	(0.001 2)	(0.001 2)
$BIG4$	−0.009 3	−0.009 5	−0.009 6***	−0.009 6***	−0.012 5***	−0.012 5***
	(0.007 7)	(0.007 7)	(0.003 1)	(0.003 1)	(0.004 4)	(0.004 4)
$INDNUM$	0.007 3***	0.007 3***	0.006 4***	0.006 4***	0.005 1***	0.005 1***
	(0.000 5)	(0.000 5)	(0.000 4)	(0.000 4)	(0.000 3)	(0.000 3)
固定效应	是	是	是	是	是	是
样本数	24 191	24 191	19 279	19 279	56 317	56 317
Adj. R^2	0.015 4	0.016 0	0.017 7	0.017 7	0.009 3	0.093

由表8.7可以看出,不同市场环境下,公司特质信息对股价非同步性影响存在差异。在牛市环境中,特质信息与股价非同步性(DG)呈负相关关系、正 U 形关系。从 $SINF$ 的系数来看,公司特质信息与股价非同步性是负相关关系,即特质信息披露越多,股价非同步性越低,股价同步性越高;$SINF^2$ 系数显著为正,且其对称轴[$-(-3.511\ 8)/(2×2.345\ 6)=0.748\ 6$]处于 0~1 间,说明特质信息与股价非同步性之间为正 U 形关系。根据命题 6.1,牛市环境下中国股票市场的股价非同步性仍然是信息主导。原因与全样本的情况类似,由于达到 U 形最低点所需的信息量(或信息公开程度)较大(如上 0.748 6),尽管中国股票市场一直在提高特质信息的披露水平,但是特质信息与股价非同步性的关系始终表现为负相关(陶东旭,2016),这说明中国信息披露水平还没有达到 U

形曲线的右半部,还没有达到特质信息披露水平越高、股价非同步性越高的水平,但这并不影响牛市环境下仍为信息主导的市场。

但在熊市环境中,特质信息与股价非同步性(DG)呈负相关关系。从$SINF$的系数看,公司特质信息与股价非同步性是负相关关系,也就是说特质信息披露越多,股价非同步性越低,即股价同步性越高。在熊市环境中投资者相对比较理性,投资者情绪较为低迷,噪声交易相对减少,噪声对股价非同步性的影响程度将有所下降,特质信息的增加对降低股价非同步性的作用有所提高($-0.390\ 4 > -0.917\ 8$)。添加$SINF$的二次项后,$SINF^2$系数为正但不显著,而$SINF$项系数仍然显著为负,这说明在熊市环境下公司特质信息与股价非同步性的关系整体表现为负相关,为噪声主导的市场。尽管在熊市环境中投资者比较理性,但由于投资者情绪低迷,交易清淡,即使理性投资者依据信息的交易也会减少;虽然噪声交易相对较少,但也可能在此环境下主导市场。在熊市环境下,市场是由噪声主导还是信息主导取决于双方的相对强度。在样本期间,中国股市在熊市环境下还处于噪声主导阶段[但转变为信息主导是可期的($SINF^2$系数为正,t值已接近显著)]。

在震荡市,特质信息与股价非同步性(DG)没有表现出显著的相关关系,$SINF$的一次项和二次项系数均不显著。这可能是因为在震荡市中没有明显的趋势,基于信息的交易与基于噪声的交易对市场的影响不分伯仲所致;在此环境下,机构投资者(信息交易者)的交易会下降,中小投资者(噪声交易者)的"羊群行为"会明显增加(程天笑 等,2014;姚禄仕 等,2018),导致市场是受信息主导还是噪声主导并不明确,从而使得特质信息与股价非同步性(DG)并没有表现出显著的相关关系。

因此,在不同市场环境中,公司特质信息对股价非同步性的影响存在差异,这验证了假设8.2。

(2)不同市场环境下公司特质信息与其股价非同步性贡献率的关系

应用式(8.17),分析在不同市场环境下中国股票市场中公司特质信息与其股价非同步性贡献率的关系,如表8.8所示。

表8.8　　　　　不同市场环境下,公司特质信息与其股价非同步性贡献率

变量	DG_{SINF}					
	牛市		震荡市		熊市	
C	3.295 6***	1.219 8	4.389 5***	−10.970 1***	0.884 5***	−1.788 7***
	(0.438 2)	(1.797 5)	(0.392 5)	(1.232 3)	(0.228 5)	(0.450 7)

续表

变量	DG_{SINF}					
	牛市		震荡市		熊市	
$SINF$	6.921 9***	0.603 1	6.451 5***	29.966 6***	2.787 4***	6.290 3***
	(0.799 9)	(6.369 8)	(0.711 8)	(4.234 6)	(0.413 5)	(1.560 5)
$SINF^2$		6.819 3		−11.007***		−3.077 5**
		(5.726 8)		(3.729 2)		(1.450 9)
$INST$	−0.000 4	−0.000 4	0.009***	0.009***	0.001 7***	0.001 7***
	(0.000 5)	(0.000 5)	(0.000 3)	(0.000 3)	(0.000 2)	(0.000 2)
VID	−0.962 7***	−0.962***	—	—	−0.128 8***	−0.131 6***
	(0.114 3)	(0.114 3)			(0.049 5)	(0.049 5)
$SUPV$	0.165 4***	0.174 7***	0.066 3***	0.095***	0.207 5***	0.203 7***
	(0.016 2)	(0.018)	(0.011 8)	(0.012 8)	(0.010 9)	(0.011)
$BIG4$	0.108 8	0.109 6	0.042 2	0.047 6	0.222 9***	0.220 9***
	(0.070 1)	(0.070 1)	(0.033 6)	(0.033 6)	(0.041)	(0.041)
$INDNUM$	0.083***	0.083***	0.098***	0.097 9***	0.072 3***	0.072 4***
	(0.004 6)	(0.004 6)	(0.004 4)	(0.004 4)	(0.002 9)	(0.002 9)
固定效应	是	是	是	是	是	是
样本数	24 191	24 191	19 279	19 279	56 317	56 317
Adj. R^2	0.021 9	0.021 9	0.074 4	0.075 4	0.018 9	0.019 0

由表 8.8 可以发现,无论是牛市、熊市或是震荡市,$SINF$ 的系数均是显著为正,即公司特质信息增加,其股价非同步性贡献率也会增加。添加 $SINF$ 的二次项后,可以发现,在牛市环境中,$SINF$ 一次项和二次项的系数均不显著,而熊市和震荡市的系数均显著,但是计算两者的对称轴发现,两者的对称轴 $\left[\dfrac{-29.966\ 6}{2\times(-11.00\ 7)}=1.361\ 2、\dfrac{-6.290\ 3}{2\times(-3.077\ 5)}=1.022\right]$ 均大于 1,这说明在特质信息 $SINF(0\sim1)$ 范围(本章做了归一化处理)内,$SINF$ 与其股价非同步性贡献率仍然变现为显著的正相关关系。整体而言,公司特质信息与其股价非同步性贡献率的关系与市场环境无关,始终表现为正相关关系,验证了假设 8.4a,也说明股价非同步性贡献率是测度市场信息效率的有效指标,验证了命题 7.1。

8.4.2.3 不同市场板块下,股价非同步性与公司特质信息关系

为分析不同市场板块下股价同步性影响因素,将样本区间划分为主板、创业板和中小板。主板则分为上海主板和深圳主板,上海主板以 6 开头,而深圳主板则以 0 开头,创业板以 300 开头,中小板目前以 002 开头。

（1）不同板块中股价非同步性与公司特质信息的关系

应用模型（8.16），检验不同板块中，股价非同步性与公司特质信息关系，具体结果见表 8.9。

表 8.9　　　　　　　　　不同市场板块下，公司特质信息与股价非同步性

变量	NSYNCH					
	主板		中小板		创业板	
C	0.329 6***	0.431 9***	0.244 9***	0.115	0.534 1***	6.941***
	(0.022 1)	(0.053 9)	(0.049 3)	(0.085 5)	(0.080 9)	(1.194 9)
SINF	−0.503 7***	−0.875 5***	−0.460 7***	0.108 9	−0.873 3***	1.093 9***
	(0.04)	(0.183 1)	(0.089 9)	(0.319)	(0.147 3)	(4.323 4)
$SINF^2$		0.537 6**		−0.607 5*		−2.034***
		(0.162 3)		(0.326 4)		(3.914)
INST	0.000 2***	0.000 2***	0.000 2***	0.000 3***	0.000 9***	0.000 8***
	(0)	(0)	(0)	(0.000 1)	(0.000 1)	(0.000 1)
VID	−0.007 5	−0.007 6	−0.005 2	−0.004 2	−0.030 9	−0.030 7
	(0.005 7)	(0.005 7)	(0.010 7)	(0.010 7)	(0.022 7)	(0.022 6)
SUPV	0.007***	0.006 4***	0.004 4**	0.006***	0.011 1***	0.002 7
	(0.000 9)	(0.000 9)	(0.001 7)	(0.002)	(0.002 6)	(0.003)
BIG4	−0.007 9***	−0.008***	−0.002 3	−0.002	−0.005 2	−0.004 2
	(0.002 8)	(0.002 8)	(0.009)	(0.009)	(0.009 8)	(0.009 8)
INDNUM	0.004 7***	0.004 7***	0.011 3***	0.011 3***	0.002 8***	0.002 9***
	(0.000 3)	(0.000 3)	(0.000 7)	(0.000 7)	(0.000 8)	(0.000 8)
固定效应	是	是	是	是	是	是
样本数	67 346	67 346	20 017	20 017	8 659	8 659
Adj. R^2	0.008 1	0.008 1	0.015 9	0.016 1	0.013 7	0.016 9

由表 8.9 可以发现，不同板块中公司特质信息对股价非同步性影响存在差异。从主板中的 SINF 系数看，公司特质信息与股价非同步性是负相关关系，也就是说特质信息披露越多，股价非同步性越低，即股价同步性越高；但 $SINF^2$ 系数显著为正，且其对称轴 $[-(-0.875\ 5)/(2\times0.537\ 6)=0.814\ 3]$ 处于 0～1 间，说明在主板市场中，公司特质信息与股价非同步性为正 U 形关系，这说明中国股票主板市场是信息主导的市场，公司特质信息对股价非同步性的影响较大，噪声的影响较小。从整体上看，主板市场中公司特质信息与股价非同步性是负相关关系，这说明在样本区间内中国市场特质信息的披露水平处于正 U 形关系的左半边（下降趋势），进一步验证了命题 6.1。因为主板上市的企业处于

成熟阶段,公司治理结构完善,信息透明度高,公司估值相对容易,因此在主板市场上的投资(特别是机构等理性投资者的投资),更多体现的是价值投资,其股价中可能包含相对较多的公司特质信息和相对较少的噪声,也就是说在主板市场上,公司特质信息对股价非同步性的影响会增大,噪声对股价非同步性的影响会下降。

从 $SINF$ 的系数来看,在中小板及创业板中公司特质信息与股价非同步性是负相关关系,也就是说特质信息披露越多,股价非同步性越低,即股价同步性越高;$SINF^2$ 系数显著为负,说明在中小板及创业板中,公司特质信息与股价非同步性为倒 U 形关系。命题 6.2 说明了中国股票市场中小板及创业板市场是噪声主导的市场。根据 $SINF$ 和 $SINF^2$ 的系数,在中小板及创业板市场中公司特质信息与股价非同步性呈倒 U 形关系的对称轴分别为:$-0.108\ 9/[2\times(-0.607\ 5)]=0.089\ 6$ 和 $-1.093\ 9/[2\times(-2.034)]=0.268\ 9$,虽然均处于 $0\sim1$ 间,但对应的特质信息值都很小,参考 $SINF$ 的系数(负值),可以判定,它们处于公司特质信息与股价非同步性呈倒 U 形关系的右半部分,因此,从整体上看,在中小板及创业板中,公司特质信息与股价非同步性表现为负相关关系。

其原因主要是在中小板上市的公司多为中小型企业,相对于主板上市的公司而言,在中小板上市公司的公司治理水平和信息透明度一般较低,企业的估值难度也比较大;中小板市场投机氛围较浓、波动性大的特征更多体现了噪声交易的影响。在创业板上市的企业一般是处于初创期的高科技企业,其信息透明度更低、估值更为困难,投资风险更大;创业板更大的波动性、更浓的投机氛围主要体现的是噪声,市场效率较低。

因此,不同板块中公司特质信息对股价非同步性影响存在差异。这验证了假设 8.3。

(2)不同板块下公司特质信息与其股价非同步性贡献率的关系

应用式(8.17),分析在不同板块下中国股票市场中公司特质信息与其股价非同步性贡献率的关系,如表 8.10 所示。

表 8.10　　　　　　　不同板块下,公司特质信息与其股价非同步性贡献率

变量	DG_{SINF}					
	主板		中小板		创业板	
C	1.335 6***	0.416 4	1.327 6***	0.996 7	5.298 9***	−55.397 2***
	(0.224 1)	(0.545 2)	(0.405 4)	(0.701 5)	(0.780 8)	(11.514 6)

续表

变量	DG_{SINF}					
	主板		中小板		创业板	
SINF	3.585 5***	0.245 3	1.174 9	9.018 7***	8.884 8***	211.024***
	(0.405 6)	(1.851 2)	(0.739 3)	(2.618 2)	(1.422 2)	(41.647 2)
$SINF^2$		3.034 5		−3.874 3***		−102.134 9***
		(1.640 9)		(1.680 1)		(37.691)
INST	0.002***	0.002 1***	0.004 3***	0.003 9***	0.010 6***	0.009 8***
	(0.000 2)	(0.000 2)	(0.000 4)	(0.000 4)	(0.000 8)	(0.000 8)
VID	−0.364 5***	−0.363 9***	−0.389 1***	−0.407 5***	−1.266 1***	−1.264***
	(0.057 6)	(0.057 6)	(0.087 6)	(0.087 7)	(0.217 3)	(0.217)
SUPV	0.203 4***	0.208 7***	0.121 1***	0.092 2***	0.001 3	−0.077 5***
	(0.008 7)	(0.009 1)	(0.014 4)	(0.016)	(0.024 7)	(0.028 8)
BIG4	0.189 3***	0.190 2***	0.479 9***	0.474 8***	0.471 8***	0.480 7***
	(0.028 3)	(0.028 3)	(0.074 2)	(0.074 2)	(0.097)	(0.096 8)
INDNUM	0.081 2***	0.081 2***	0.088 5***	0.088 5***	0.052 8***	0.054***
	(0.002 7)	(0.002 7)	(0.005 4)	(0.005 4)	(0.007 5)	(0.007 5)
固定效应	是	是	是	是	是	是
样本数	67 346	67 346	20 017	20 017	8 659	8 659
Adj. R^2	0.024	0.024	0.031 8	0.032 5	0.056 7	0.059 6

由表 8.10 可以发现,主板、创业板 SINF 的系数均显著为正,即公司特质信息增加,其股价非同步性贡献率也增加。中小板 SINF 的系数虽然不显著,但也为正数。在添加 SINF 的二次项后可以发现,主板市场中 SINF 一次项和二次项的系数均不显著,而创业板和中小板市场均显著,但是计算两者的对称轴发现,两者的对称轴[−211.024/2×(−102.134 9)=1.033 1、−9.018 7/(2×(−3.874 3)=1.163 9]均大于 1,这说明在特质信息 SINF 范围内,SINF 与其股价非同步性贡献率处于倒 U 形的左半边,亦即为显著的正相关关系。因此,整体而言,公司特质信息与其股价非同步性贡献率的关系与市场板块无关,始终表现为正相关关系。这验证了假设 8.3b,这也说明股价非同步性贡献率是测度市场信息效率的有效指标,验证了命题 7.1。

8.4.3 稳健性检验

为了检验实证结论的稳健性,本章对相关变量(包括特质信息、噪声、股价非同步性等指标)重新构建,并对牛熊市的时间划分略做调整后,重新实证分析。

（1）特质信息、噪声指标的不同构建方法

在国内现有研究中，无论是 PIN 还是改进的 VPIN 指标，主要用来度量知情交易概率或者信息不对称程度。由于知情交易者的信息一般为公司特质信息，在股价非同步性的相关研究中 PIN 指标常用于度量公司特质信息（林忠国等，2012；Lee and Liu，2011），故本章在此处采用 PIN 指标作为特质信息的代理指标进行稳健性检验。对于噪声的测度，仍参考林忠国 等（2012），以 PIN 代替特质信息，按式（8.5）计算噪声。

（2）牛熊市及震荡市时间划分调整

对牛熊市及震荡市（即牛熊市转换阶段）样本进行前后 1 个季度的就近调整。

（3）股价非同步性的不同构建方法

在计算股价非同步性时，已有研究（江昊，2021；刘海飞 等，2017）采用加入市场和行业一阶滞后项的方式来计算 R^2，因此，进行稳健性检验时在 R^2 计算中添加滞后一期的市场收益率和行业收益率，再对 R^2 进行对数变换，得到新的股价非同步性指标。

应用模型（8.16），检验股价非同步性与公司特质信息的关系，以及不同市场环境、不同市场板块下的差异。具体实证结果见表 8.11、表 8.12 及表 8.13。由表 8.11、表 8.12 及表 8.13 可以发现，除了计算数据有所不同外，得出的基本结论完全相同，

表 8.11　　　　　　　公司特质信息与股价非同步性（全样本）

变量	NSYNCH	
	SINF	
C	−0.611 3*** (0.023 1)	−0.654 4*** (0.023 5)
SINF	−0.035 9*** (0.009 6)	0.334 1*** (0.037 1)
$SINF^2$		−0.368 5*** (0.035 7)
INST	0.002 6*** (0.000 2)	0.002 5*** (0.000 2)
VID	−0.430 6*** (0.046 9)	−0.435 2*** (0.046 9)

续表

变量	NSYNCH	
	SINF	
SUPV	0.149 2*** (0.005 5)	0.149 9*** (0.005 5)
BIG4	0.207 4*** (0.025 4)	0.215*** (0.025 4)
INDNUM	0.081 2*** (0.002 3)	0.080 5*** (0.002 3)
固定效应	是	是
样本数	95 888	95 888
Adj. R^2	0.024 9	0.026 0

表 8.12　　　　　　　不同市场环境下，公司特质信息与股价非同步性

变量	NSYNCH					
	牛市		震荡市		熊市	
C	−0.478 7*** (0.041 8)	−0.478 5*** (0.041 8)	−0.839 5*** (0.047 6)	−0.840 7*** (0.047 5)	−0.653 8*** (0.028 2)	−0.654 1*** (0.028 2)
SINF	−0.024 4*** (0.002 8)	−0.024 4*** (0.002 8)	0.031 3 (0.002 9)	0.032 9 (0.002 9)	−0.011 7*** (0.001 5)	−0.010 9*** (0.001 6)
$SINF^2$		−0.000 1*** (0.000 1)		−0.000 3 (0.000 1)		0.000 1 (0)
INST	0.000 1 (0.000 4)	0.000 1 (0.000 4)	0.007 2*** (0.000 4)	0.007 1*** (0.000 4)	0.001 7*** (0.000 2)	0.001 7*** (0.000 2)
VID	−0.961 1*** (0.114 6)	−0.960 9*** (0.114 6)	—	—	−0.116 2** (0.049 3)	−0.118 9** (0.049 3)
SUPV	0.167 9*** (0.014 7)	0.172 5*** (0.015 9)	0.041 3*** (0.012 8)	0.075 7*** (0.014)	0.212 8*** (0.011)	0.209 3*** (0.011 1)
BIG4	0.157 7*** (0.051 7)	0.158 4*** (0.051 7)	0.068 5* (0.038 2)	0.074 7* (0.038 2)	0.230 1*** (0.040 8)	0.228 2*** (0.040 8)
INDNUM	0.076 4*** (0.004 3)	0.076 4*** (0.004 3)	0.107 2*** (0.004 8)	0.107*** (0.004 8)	0.071 7*** (0.002 9)	0.071 8*** (0.002 9)
固定效应	是	是	是	是	是	是
样本数	27 523	27 523	17 234	17 234	54 786	54 786
Adj. R^2	0.019 8	0.019 8	0.070 8	0.072 1	0.019 3	0.019 3

表 8.13　　　　　　　　　　不同市场板块下,公司特质信息与股价非同步性

变量	NSYNCH					
	主板		中小板		创业板	
C	$-0.642\,4^{***}$ (0.026 1)	$-0.642\,3^{***}$ (0.026 1)	$-0.679\,7^{***}$ (0.054 7)	$-0.669\,7^{***}$ (0.054 8)	$-0.399\,6^{***}$ (0.076 5)	$-0.415\,8^{***}$ (0.076 5)
$SINF$	$-0.013\,3^{***}$ (0.001 5)	$-0.013\,3^{***}$ (0.001 5)	$-0.004\,4$ (0.002 7)	-0.011^{***} (0.003 2)	-0.003^{***} (0.005 3)	$-0.003\,2^{***}$ (0.005 3)
$SINF^2$		$0.000\,1^{***}$ (0)		$-0.000\,1^{***}$ (0)		$-0.002\,7^{***}$ (0.000 5)
$INST$	$0.002\,1^{***}$ (0.000 2)	$0.002\,1^{***}$ (0.000 2)	$0.004\,3^{***}$ (0.000 4)	$0.003\,8^{***}$ (0.000 4)	$0.010\,6^{***}$ (0.000 8)	$0.009\,8^{***}$ (0.000 8)
VID	-0.365^{***} (0.057 6)	$-0.364\,4^{***}$ (0.057 6)	$-0.389\,1^{***}$ (0.087 7)	$-0.407\,5^{***}$ (0.087 7)	$-1.266\,1^{***}$ (0.217 3)	-1.264^{***} (0.217)
$SUPV$	$0.203\,4^{***}$ (0.008 7)	$0.208\,7^{***}$ (0.009 1)	$0.121\,1^{***}$ (0.014 4)	$0.092\,2^{***}$ (0.016)	$0.001\,3$ (0.024 7)	$-0.077\,5^{***}$ (0.028 8)
$BIG4$	$0.180\,7^{***}$ (0.028 1)	$0.181\,6^{***}$ (0.028 1)	$0.479\,9^{***}$ (0.074 2)	$0.474\,8^{***}$ (0.074 2)	$0.471\,8^{***}$ (0.097)	$0.480\,7^{***}$ (0.096 8)
$INDNUM$	$0.081\,3^{***}$ (0.002 7)	$0.081\,3^{***}$ (0.002 7)	$0.088\,5^{***}$ (0.005 4)	$0.088\,5^{***}$ (0.005 4)	$0.052\,8^{***}$ (0.007 5)	0.054^{***} (0.007 5)
固定效应	是	是	是	是	是	是
样本数	67 212	67 212	20 017	20 017	8 659	8 659
Adj. R^2	0.024 1	0.024 1	0.032 0	0.032 8	0.057 3	0.059 6

8.5　本章小结

为分析中国股票市场信息效率,本章首先应用中国股票市场数据,采用主成分分析法构造公司特质信息指标,参考林忠国 等(2012)的方法得到噪声指标;其次,研究了公司特质信息与市场噪声的关系及市场对公司特质信息和市场噪声的反应方式;再次,实证分析了公司特质信息与股价非同步性及股价非同步性贡献率的关系;最后,分析不同市场环境、不同板块中国股票市场中股价非同步性驱动因素的差异。通过研究发现:

(1)从总体来看,中国股票市场是信息主导的市场。实证分析发现,虽然中国股票市场噪声较多,但特质信息与股价非同步性呈正 U 形关系,符合信息主导市场的特征,中国股票市场从总体来看是信息主导的市场。

（2）不同市场环境下公司特质信息对股价非同步性影响存在差异。在牛市中，尽管噪声对股价非同步性的影响有所增加，但特质信息与股价非同步性的关系仍然保持正 U 形关系，也就是说，中国股票市场在牛市行情中仍为信息主导的市场；在熊市中，公司特质信息与股价非同步性的关系表现为负相关，符合噪声主导的特征，中国股票市场在熊市行情中为噪声主导的市场；在震荡市中，公司特质信息对股价非同步性没有显著的影响。

（3）不同板块中，公司特质信息对股价非同步性影响存在差异。在主板市场中，公司特质信息与股价非同步性为正 U 形关系，是信息主导的市场；在中小板及创业板市场中，公司特质信息与股价非同步性为倒 U 形关系，是噪声主导的市场。

（4）无论是从总体上看还是分不同市场、不同板块，在中国股票市场上公司特质信息与其股价非同步性贡献率之间均存在正相关关系。

本章利用中国股票市场数据，实证研究发现用股价非同步性贡献率测度市场信息效率具有股价非同步性指标所不具有的优越性。本章的研究结论也为相关政策制定者提供了参考，要根据自身市场特点，发掘特质信息的市场反应方式、特质信息与噪声之间的负相关关系模式，制定更有效、更有针对性的措施，从而提高市场信息效率。

9 总结与展望

信息及其市场效率一直是学术界研究的热点问题。研究信息效率的基础是科学测度市场信息效率,目前文献大多采用股价非同步性测度市场信息效率,而股价非同步性与公司特质信息之间存在各种复杂的关系,由此得出的相关结论往往缺乏一致性。为了科学测度和系统研究市场信息效率,解释股价非同步性与公司特质信息之间存在各种复杂关系的原因,本书首先从市场信息效率的有关概念及理论出发,从理论上分析了现有以股价非同步性作为市场信息效率测度的不足,并分析其产生的原因;在此基础上提出了市场信息效率新测度指标,并在理论上证明市场信息效率新测度指标的有效性及科学性;最后,应用中国股票市场数据实证了本书结论的正确性,也为市场监管部门与投资者分析市场信息、提高信息市场效率提供参考。

9.1 本书的主要内容及创新

9.1.1 金融市场信息效率的概念、测度理论与应用的综述及评价

①对现有市场信息效率的含义进行了综述和分析,明确了市场信息效率的本质属性及含义,为后续工作奠定概念基础。

②系统总结了有关金融市场信息效率测度的相关理论及应用,评述了这些理论的适用范围,对比分析了各种市场信息效率测度计量指标的优劣,指出了现有信息市场效率测度方法的应用条件及存在的主要问题,并对国内外有关应用研究状况进行了总结;明确了市场信息效率测度的新指标及应用的研究重点。

9.1.2 金融市场对信息反应方式的研究

①研究了金融市场对单信息的反应方式。本书首次提出信息市场贡献度指标,用于更准确地测度金融市场对单信息的反应程度。

已有研究主要从风险资产均衡价格或收益率对信息反应的角度研究金融市场对信息的反应,缺少直接测度金融市场对信息反应程度的指标。本书从市场中信息的传播过程入手,分析信息冲击对资产价格的影响,提出了衡量金融市场对信息反应程度的指标——信息市场贡献度,并从投资者有限理性、信息与噪声关系及信息预测精度多方面,分析市场对单信息的反应方式,丰富了市场信息效率的度量指标。

②研究了信息公开程度与其市场贡献度之间的关系,创新性发现它们之间呈倒 U 形关系,并从理论上解释了实证中这些看似矛盾的现象。

本书基于包含 3 类交易者的单资产两期定价模型,从交易者有限理性、预测精度、信息与噪声负相关关系角度,研究了单信息与其市场贡献度的动态变化过程,从理论上证明了信息市场贡献度与其公开程度呈倒 U 形关系;知情交易者的信息预测精度越高,信息市场贡献度越大;交易者有限理性、信息与噪声存在负相关关系均会降低信息市场贡献度;但无论交易者是否完全理性、信息与噪声之间是否存在负相关关系以及知情交易者的信息预测精度高低,都不会改变信息市场贡献度与其公开程度之间的 U 形关系。

有些研究发现增加信息披露会提高市场信息效率(Goldstein and Yang,2017、2019),也有的研究发现披露更多基本面信息可能降低市场信息效率(Goldstein et al.,2014;Banerjee et al.,2018),信息公开程度与其市场贡献度的倒 U 形关系,正好解释了这些看似矛盾的现象。

③研究了金融市场对多信息的反应方式。本书首次提出累积市场贡献度指标,用于测度金融市场对多信息的反应程度。

已有研究多是分析金融市场对单信息的反应,很少将信息分为单信息与多信息,并对多信息的反应进行研究。本书在金融市场对单信息反应方式研究的基础上,提出了累积市场贡献度指标,从理论上研究了金融市场对多信息的动态反应过程及反应方式,丰富了市场信息效率度量指标。

④研究了信息量与其累积市场贡献度之间的关系,创新性地发现它们之间呈 S 形关系,并从理论上解释了实证中的一些现象。

本书从交易者有限理性、预测精度、信息与噪声负相关关系角度,研究了多信息与其累积市场贡献度的动态变化过程,从理论上证明了信息量与其累积市场贡献度呈 S 形关系;知情交易者的信息预测精度越高,信息累积市场贡献度越大;交易者有限理性、信息与噪声存在负相关关系均会降低信息累积市场贡献度;但无论交易者是否完全理性、信息与噪声之间是否存在负相关关系以及知情交易者的信息预测精度高低,都不会改变信息累积市场贡献度与其信息量之间的 S 形关系。

信息量与其累积市场贡献度的 S 形关系可以很好地解释信息惯性导致信息非效率的原因(Illeditsch et al.,2021)。

9.1.3 首次系统研究了股价非同步性与公司特质信息之间的关系

①研究了特质信息与其股价非同步性贡献的典型关系。以金融市场对信息反应方式为基础,分别研究了信息主导市场下、噪声主导市场下及市场既不是信息主导市场也不是噪声主导下股价非同步性与公司特质信息之间的典型关系。

②研究了特质信息与噪声关系的关系模式。本书首次研究了信息主导市场下、噪声主导市场下及市场既不是信息主导市场也不是噪声主导市场下特质信息与噪声的典型负相关关系模式。

③研究了不同市场情况下特质信息与股价非同步性之间的关系。本书首次通过研究金融市场对公司特质信息的典型反应方式、公司特质信息与噪声的典型关系模式,从理论上证明了股价非同步性与公司特质信息之间存在的各种关系,发现股价非同步性与公司特质信息之间存在的各种复杂关系的原因是不同金融市场对公司特质信息的反应方式不同、公司特质信息与噪声的关系不同。

以前的个别研究虽然发现股价非同步性与公司特质信息之间存在 U 形、负相关关系等(Lee and Liu,2011),但有些关系,如它们之间可能存在的倒 U 形关系,现有研究并没有发现,更没有学者研究存在这些复杂关系的原因。本书对不同市场情况下特质信息与股价非同步性之间关系的研究,可以从理论上解释为什么同样是发达市场,有的股价非同步性与特质信息含量正相关,有的负相关,有的则没有显著关系的问题(Morck et al.,2000;Kelly,2014)。发现只有当公司特质信息与噪声相互独立时,股价非同步性可以有效测度市场信息效率,明确了股价非同步性可以有效测度市场信息效率的条件。

9.1.4 提出了测度市场信息效率的新指标，并从理论上证明了该指标测度市场信息效率的有效性

为了更有效地测度市场信息效率，本书创新性地提出了测度市场信息效率的新指标——信息的股价非同步性贡献率，并运用运筹优化理论、数学分析的理论与方法，从理论上证明了该指标测度市场信息效率的有效性。研究发现无论金融市场对公司特质信息的反应方式如何、公司特质信息与噪声存在何种关系模式，特质信息与其股价非同步性贡献率的关系均为正相关关系，克服了股价非同步性度量市场信息效率的不足及实证研究中得出不一致结论的问题，提高了市场信息效率度量的科学性。

9.1.5 系统研究了中国证券市场信息效率

①利用上海、深圳证券交易所的历史数据，构造衡量公司特质信息和噪声指标。以往的研究都是选取某一方面的一个或几个指标作为公司特质信息的代理指标，本书为了对公司特质信息的描述更科学，采用主成分分析法构造的特质信息指标；参考已有文献，构造了噪声度量指标。

②利用中国证券市场的历史数据，应用回归分析方法构造了测度公司特质信息及噪声的股价非同步性贡献率指标，这是以前文献所没有的。

③实证分析了中国证券市场中公司特质信息含量和噪声之间的关系。以前的文献很少研究公司特质信息和噪声之间的关系，即使个别文献（张永任和李晓渝，2010；林忠国 等，2012；沈勇涛和高玉森，2020；江昊，2021）也仅是从定性方面进行简单分析，缺少更深入的理论与实证分析；本书应用中国证券市场中公司特质信息含量和噪声数据，分析了公司特质信息含量和噪声之间的负相关关系。

④实证研究了中国证券市场中公司特质信息含量与股价非同步性的关系。应用中国股票市场数据实证分析了不同市场环境下、不同板块中公司特质信息含量对股价非同步性影响的差异。发现特质信息与股价非同步性呈正 U 形关系，中国股票市场总体上是信息主导的市场；在牛市中，中国股票市场是信息主导的市场，而在熊市与震荡市中，中国股票市场是噪声主导的市场；在主板市场中，公司特质信息与股价非同步性为正 U 形关系，是信息主导的市场；在中小板及创业板市场中，公司特质信息与股价非同步性为倒 U 形关系，是噪声主导的市场。检验了第 6 章各个命题的正确性。

⑤实证研究了中国证券市场中公司特质信息含量与股价非同步性贡献率的关系。应用中国股票市场数据实证分析了不同市场环境下、不同板块中公司特质信息含量对股价非同步性影响贡献率的关系,发现无论是从总体上看还是分不同市场、不同板块,中国股票市场中公司特质信息与其股价非同步性贡献率之间均存在正相关关系,从而检验了第7章命题的正确性,实证了市场信息效率测度新指标的科学性。

9.2　主要结论

9.2.1　金融市场对信息反应方式方面

①信息与其市场贡献度呈倒 U 形关系,与其信息累积市场贡献度呈 S 形关系。当市场中信息公开程度较低(或信息量较少)时,随着信息公开程度增大(或信息量增加),其信息市场贡献度和累积市场贡献度均增加,但当信息公开程度增大(或信息量增加)到一定水平,其信息市场贡献度不再增加反而下降,此时累积市场贡献度增速达最大值;当市场中信息完全公开时,其市场贡献度为 0,此时累积市场贡献度达到最大值。

②在有限理性条件下,当市场信息较少时,市场对信息反应不足时的信息市场贡献度(累积市场贡献度)大于适度和过度反应;当市场信息较多时,市场信息反应不足或过度均使得信息市场贡献度(累积市场贡献度)下降。同时,有限理性交易者反应程度的异质会使信息发挥最大效用所需的信息量不同。反应程度越大,所需的市场信息量越多。

③知情交易者的信息预测精度越高,信息市场贡献度(累积市场贡献度)越大;在相同信息预测精度下,信息反应不足或过度均使得信息市场贡献度(累积市场贡献度)下降,但信息反应不足的市场贡献度(累积市场贡献度)始终高于反应过度。

④信息与噪声之间的负相关关系会使信息市场贡献度(累积市场贡献度)降低。在交易者有限理性、信息与噪声存在负相关关系两个条件均存在的情况下,信息市场贡献度(累积市场贡献度)的降低幅度会出现叠加效应。

⑤无论交易者是否完全理性、信息与噪声之间是否存在负相关关系以及知情交易者的信息预测精度高低,都不会改变信息与其市场贡献度(累积市场贡献度)之间的倒 U 形(S 形)关系。

9.2.2 公司特质信息与股价非同步性及股价非同步性贡献率的关系

①在信息主导的市场中,特质信息与股价非同步性之间表现为正 U 形关系。

②在噪声主导的市场中,特质信息与股价非同步性之间表现为负相关或倒 U 形关系。

③在信息与噪声均非主导的特殊市场中,特质信息与股价非同步性之间的关系取决于市场对信息和噪声信息当量的反应程度。

④在特质信息与噪声相互独立时,特质信息与股价非同步性的关系表现为正相关。说明只有当公司特质信息与噪声相互独立时,股价非同步性才可有效测度市场信息效率。

⑤股价非同步性与公司特质信息之间存在的各种复杂关系的原因是不同金融市场对公司特质信息的反应方式不同、公司特质信息与噪声的关系不同。

⑥特质信息与其股价非同步性贡献率之间为正相关关系,这种关系与金融市场对公司特质信息的反应方式、公司特质信息与噪声的负相关关系无关,这说明信息股价非同步性贡献率指标度量市场信息效率更具有科学性。

9.2.3 中国证券市场信息效率方面

①中国股票市场从总体来看是信息主导的市场。实证分析发现,虽然中国股票市场噪声较多,但特质信息与股价非同步性呈正 U 形关系,符合信息主导市场的特征。

②中国股票市场在牛市行情中为信息主导的市场,特质信息与股价非同步性的关系仍然为正 U 形关系;在熊市中,中国股票市场为噪声主导的市场,公司特质信息与股价非同步性的关系表现为负相关;在震荡市中,公司特质信息对股价非同步性没有显著的影响。

③中国主板股票市场是信息主导的市场,公司特质信息与股价非同步性为正 U 形关系;中小板及创业板市场为噪声主导的市场,公司特质信息与股价非同步性为倒 U 形关系。

④无论是从总体上看还是分不同市场、不同板块,在中国股票市场上公司特质信息与其股价非同步性贡献率之间均存在正相关关系。

9.3 研究展望

虽然本书对金融市场信息效率测度理论与应用进行了系统深入的研究，并取得了一些有价值的成果，但研究所得到的结论是在一定假设的基础上形成的，放宽这些假设将是进一步研究的方向。

概述起来，进一步研究的方向主要有以下几个方面：

（1）在金融市场对信息反应及金融市场信息效率影响因素方面的进一步研究

①本书研究的信息是公司特质信息。实际上宏观与行业信息，尽管其公开程度比较高，但投资者对其理解也是不同的；市场对宏观与行业信息、公司特质信息的反应具有不同的特质。另外，本书假设非知情交易者只是依据价格变动进行交易，这主要是因为本书并未对信息进行划分。对于知情交易者获取的私有信息多是公司层面的特质信息，而对于市场信息、行业信息，非知情交易者也是能获取的，单纯假设非知情交易者只依据价格变动进行交易失之偏颇。后续研究可以将信息进行分类，根据不同交易者对信息的了解程度分别分析市场对不同类型信息的反应机制。

②在研究有限理性、预测精度、信息噪声关系对金融市场信息效率的影响时，本书假设市场中仅有一种风险资产（如股票），并未考虑多种风险资产（如期货、期权等）和无风险资产（国债等）的情况，这些设定有利于简化分析，但不利于反映真实的市场情况，也没有反映各个市场之间存在的溢出效应。进一步研究可以分析多个市场对同一信息的不同反应机制及溢出效应。

③信息市场贡献度指标的计算较为复杂，有些假设较为严格，如何简化信息市场贡献度指标的计算是值得研究的问题。

（2）在研究特质信息、信噪关系与股价非同步性及其贡献率方面的进一步研究

①目前相关研究均是采用代理指标测度市场信息与噪声，如何科学测度市场信息与噪声是值得进一步研究的问题。

②金融市场对特质信息的反应方式、信息与噪声所存在的负相关关系可能并不是一成不变的。可以进一步分析导致这些关系变化的原因。

③进一步研究金融市场对特质信息的反应方式、信息与噪声关系的变化对股价非同步性的影响。

④股价非同步性贡献率是通过回归分析得到的，是否有更简单的方法求得股价非同步性贡献率值得进一步研究。

（3）理论与方法的应用研究

将本研究成果推广到其他金融市场或领域，也是值得进一步研究的问题。

①机构持股是根据信息还是噪声？很多文献直接将机构投资者看成是信息交易者，或作为信息交易变量，将机构投资者数量、机构投资持股比例作为特质信息变量是否正确？这有待进一步验证。

②QFII 持股提高了股价信息含量还是降低了市场噪声？QFII 作为重要的专业机构投资者，具有丰富的投资经验和成熟的投资理念，那么 QFII 持股是否真正降低了市场噪声、提高了市场效率？

③对上市公司微信公众号（新社交媒体）的信息质量进行研究。近几年来，以微信等为代表的社交媒体盛行，使得对信息质量产生重要影响。有关新媒体的信息披露质量与股价非同步性及其贡献率的关系也值得进一步研究。

④本书的实证研究是以中国股票市场为例进行的。后续研究可以推广到其他国家或地区市场，进一步研究本书结论的正确性。

总之，金融市场信息效率测度的理论与应用，是一个内容极具挑战性的研究课题，随着研究的不断深入，必将吸引更多的学者投身此领域的研究中，也必将有更多先进的成果问世，为提高金融市场信息效率和市场有效性提供更为科学的指导和帮助。

附录一 信息市场贡献度(G_{SINF})与信息公开程度(π)为倒 U 形关系证明

根据式(3.26),有:

$$G_{SINF} = \frac{S_{SINF}^2}{S_{r_i}^2}$$

$$= \frac{\left(\dfrac{\pi(3-\pi)}{4(2-\pi)(\varphi^2+\pi+\pi(1-\pi)\rho)}\right)^2 \cdot \varphi^2(1-\pi)\rho + \varphi^2 S_\theta^2}{\left(\dfrac{\pi(3-\pi)}{4(2-\pi)(\varphi^2+\pi+\pi(1-\pi)\rho)}\right)^2 \cdot \varphi^2(1-\pi)\rho + \varphi^2 S_\theta^2 + S_{X,NOISE}^2}$$

$$(3.26)$$

记: $SINF = \left(\dfrac{\pi(3-\pi)}{4(2-\pi)(\varphi^2+\pi+\pi(1-\pi)\rho)}\right)^2 \cdot \varphi^2(1-\pi)\rho$, $A = \varphi^2 S_\theta^2$,

$B = S_{X,NOISE}^2$,则:

$$G_{SINF} = \frac{SINF+A}{SINF+A+B} \tag{A1}$$

$$\frac{\partial G_{SINF}}{\partial SINF} = \frac{B}{(SINF+A+B)^2} > 0, \quad \frac{\partial^2 G_{SINF}}{\partial SINF^2} = -\frac{2B}{(SINF+A+B)^3} < 0 \tag{A2}$$

$$\frac{\partial G_{SINF}}{\partial \pi} = \frac{\partial G_{SINF}}{\partial SINF} \cdot \frac{\partial SINF}{\partial \pi}, \quad \frac{\partial^2 G_{SINF}}{\partial \pi^2} \tag{A3}$$

$$= \frac{\partial^2 G_{SINF}}{\partial SINF^2} \cdot \left(\frac{\partial SINF}{\partial \pi}\right)^2 + \frac{\partial G_{SINF}}{\partial SINF} \cdot \frac{\partial^2 SINF}{\partial \pi^2}$$

因此,若要证明 G_{SINF} 与 π 为倒 U 形关系,则需证明:$\dfrac{\partial G_{SINF}}{\partial \pi}$ 存在唯一零点且 $\dfrac{\partial^2 G_{SINF}}{\partial \pi^2} < 0$。由于 $\dfrac{\partial^2 SINF}{\partial \pi^2}$ 较为复杂,不易判断其正负,但若能证明 $\dfrac{\partial SINF}{\partial \pi}$ 存

在唯一零点且单调递减,亦可证明。

1. $\dfrac{\partial SINF}{\partial \pi}$ 存在零点的证明

$SINF$ 化简为:

$$SINF = \frac{\varphi^2 \rho}{16} \cdot \left(\frac{\pi(3-\pi)}{(2-\pi)(\varphi^2 + \pi + \pi(1-\pi)\rho)} \right)^2 \cdot (1-\pi) \qquad \text{(A4)}$$

$$\frac{\partial SINF}{\partial \pi} = \frac{\varphi^2 \rho \cdot \pi(3-\pi)}{16((2-\pi)(\varphi^2 + \pi + \pi(1-\pi)\rho))^3} \\ \cdot (\pi^2(-\pi^2 + 3\pi - 4) + ((3-\pi) + (1-\pi)(5-\pi)) \\ (1-\pi)\pi^2\rho + (3-\pi)(2-\pi)(2-3\pi)\varphi^2 + 2\pi(1-\pi)\varphi^2) \qquad \text{(A5)}$$

令:

$$f(\pi) = \pi^2(-\pi^2 + 3\pi - 4) + ((3-\pi) + (5-\pi)(1-\pi)) \\ (1-\pi)\pi^2\rho + (3-\pi)(2-\pi)(2-3\pi)\varphi^2 + 2\pi(1-\pi)\varphi^2 \qquad \text{(A6)}$$

因为 $\pi \in (0, 1)$,因此,$\dfrac{\varphi^2 \rho \cdot \pi(3-\pi)}{16((2-\pi)(\varphi^2 + \pi + \pi(1-\pi)\rho))^3} > 0$。若 $\dfrac{\partial SINF}{\partial \pi} = 0$,根据式(A5),只需 $\pi = 0$ 或 $f(\pi) = 0$。这里仅分析 $f(\pi) = 0$ 的情况。

(1)若 $\pi \to 0$,则 $f(\pi) = 12\varphi^2 > 0$;

(2)若 $\pi \to 1$,则 $f(\pi) = -2 - 2\varphi^2 < 0$。

根据零点定理,在 0~1 间至少存在一个值 π^* 使 $f(\pi^*) = 0$,即 $\dfrac{\partial SINF}{\partial \pi}$ 存在零点。

2. $f(\pi)$ 为单调递减函数的证明

$f(\pi)$ 对 π 的一阶导数为:

$$\frac{\partial f(\pi)}{\partial \pi} = \pi(-4\pi^2 + 9\pi - 8) + (-5\pi^3 + 32\pi^2 - 45\pi + 16)\pi\rho \\ + (-9\pi^2 + 30\pi - 26)\varphi^2 \qquad \text{(A7)}$$

根据式(A7),当 $\pi \in (0, 1)$ 时,$-4\pi^2 + 9\pi - 8$ 与 $-9\pi^2 + 30\pi - 26$ 均为单调递增函数(一阶导数均大于 0),若 $\pi = 1$,则 $-4\pi^2 + 9\pi - 8 = -3 < 0$,$-9\pi^2 + 30\pi - 26 = -5 < 0$,因此,$\pi(-4\pi^2 + 9\pi - 8) < 0$,$(-9\pi^2 + 30\pi - 26)\varphi^2 < 0$,而 $(-5\pi^3 + 32\pi^2 - 45\pi + 16)$,存在 $\pi' \in (0.55, 0.56)$。当 $0 < \pi < \pi'$ 时,$-5\pi^3 + 32\pi^2 - 45\pi + 16 > 0$。当 $\pi \geqslant \pi'$ 时,$-5\pi^3 + 32\pi^2 - 45\pi + 16 \leqslant 0$。

(1)交易者为适度反应或过度反应($\varphi=1,\varphi>1$)

a. 当 $\pi \geqslant \pi'$ 时

根据上述分析,当 $\pi \geqslant \pi'$ 时,$-5\pi^3+32\pi^2-45\pi+16 \leqslant 0$,这样,根据式 (A7),有:$\dfrac{\partial f(\pi)}{\partial \pi}<0,f(\pi)$ 为单调递减函数。

b. 当 $0<\pi<\pi'$ 时

由于 $\pi \in (0,1),\rho \in (0,1)$,因此,

$$\frac{\partial f(\pi)}{\partial \pi}<\pi(-4\pi^2+9\pi-8)+(-5\pi^3+32\pi^2-45\pi+16)+(-9\pi^2+30\pi-26)$$

$$=-9\pi^3+32\pi^2-23\pi-10$$

$$=-9\pi(1-\pi)(3-\pi)-(2\pi+1)^2-9<0$$

(A8)

这样,可以证明,在交易者适度反应或过度反应($\varphi=1,\varphi>1$)时,$f(\pi)$ 为单调递减函数,即证明 G_{SINF} 与 π 为倒 U 形关系。

(2)交易者反应不足($0<\varphi<1$)

a. 当 $\pi \geqslant \pi'$ 时

当 $\pi \geqslant \pi'$ 时,$-5\pi^3+32\pi^2-45\pi+16 \leqslant 0$,这样,根据式(A7)有:$\dfrac{\partial f(\pi)}{\partial \pi}<0,f(\pi)$ 为单调递减函数。也就是说,当信息公开程度较高时($\pi \geqslant \pi'$),即使投资者对信息反应不足,G_{SINF} 仍与 π 为倒 U 形关系。

b. 当 $0<\pi<\pi'$ 时

由于 φ^2 的系数 $-9\pi^2+30\pi-26<0$,因此,若式(A7)的前两项小于等于 0,也可使 $\dfrac{\partial f(\pi)}{\partial \pi}<0$。

令:

$$\pi(-4\pi^2+9\pi-8)+(-5\pi^3+32\pi^2-45\pi+16)\pi\rho=0 \qquad (A9)$$

则:

$$\rho=\frac{4\pi^2-9\pi+8}{-5\pi^3+32\pi^2-45\pi+16},\frac{\partial \rho}{\partial \pi}=\frac{100\pi^4-90\pi^3+228\pi^2-334\pi+216}{(-5\pi^3+32\pi^2-45\pi+16)^2}$$

(A10)

由于当 $0<\pi<\pi'$ 时,$100\pi^4-90\pi^3+228\pi^2-334\pi+216>-90\pi^3-334\pi+216>-90\times0.56^3-334\times0.56+216=13.15>0$,因此,$\dfrac{\partial \rho}{\partial \pi}>0$,即 ρ 为 π 的单

调递增函数,ρ 最小值为 0.5($\pi=0$ 对应的 ρ 值)。

a)当 $\rho<0.5$,则式(A7)的前两项小于等于 0,即式(A9)小于 0,因此,$\frac{\partial f(\pi)}{\partial \pi}<0$。

这说明,当投资者对信息的预测精度较低($\rho<0.5$)时,在信息公开程度较低时($\pi<\pi'$),即使投资者对信息反应不足,G_{SINF} 仍与 π 为倒 U 形关系。

b)当 $\rho=0.5$ 时,只要 $\varphi>0$,即可使得式(A7)小于 0,即 $\frac{\partial f(\pi)}{\partial \pi}<0$。

c)当 $\rho>0.5$ 时,在信息公开程度较低($\pi<\pi'$)时,式(A7)第二项为正,而且 ρ 越大第二项的正数值越大,此时,要使式(A7)为负,投资者必须对信息做出反应。

如 $\rho=0.6$ 时,$\pi\in(0,\pi')$,令式(A7)为 0,通过数值计算可得到 $\varphi^* \in (0.04,0.05)$。也就是说,当信息预测精度为 60% 时,只要投资者对信息的反应程度大于 5%,即可使 G_{SINF} 与 π 为倒 U 形关系;特别是当 $\rho=1$ 时,可得到 $\varphi^* \in(0.14,0.15)$,亦即只要投资者对信息的反应程度大于 15%,即可使 G_{SINF} 与 π 为倒 U 形关系。

理论上,投资者对信息预测精度越高,对其反应程度也应越大(φ 应与 ρ 正相关)。特别是当 $\rho=1$ 时,投资者对信息具有准确预测,此时对信息应做出完全反应($\varphi=1$),若仅对信息做出不足 15% 的反应,应属于极端非理性行为。事实上,当 $\rho>0.5$ 时,投资者对信息极度反应不足(如 $\rho=0.6$,$\varphi<5\%$)是小概率事件(约 3.75%);综上分析,在 $0<\varphi<1$ 情况下,式(A7)大于 0(即 G_{SINF} 与 π 为非倒 U 形关系)的概率为小概率(大约 1%)[①]。

即使这种小概率事件发生,使得 $\frac{\partial f(\pi)}{\partial \pi}>0$,进而 $\frac{\partial^2 SINF}{\partial \pi^2}>0$,根据式(A3),$\frac{\partial^2 G_{SINF}}{\partial SINF^2}\cdot\left(\frac{\partial SINF}{\partial \pi}\right)^2<0$,这使得 $\frac{\partial^2 SINF}{\partial \pi^2}>0$ 发生的概率进一步降低。因此,整体而言,交易者反应不足($0<\varphi<1$)时,G_{SINF} 与 π 为倒 U 形关系应为大概率事件(几乎为确定事件)。

综上所述,G_{SINF} 与 π 为倒 U 形关系。

---

① 式(A7)大于 0 的概率估计:(1)假设 π、ρ、φ 均服从均匀分布,则 $P_{\pi\in(0,0.56)}\leqslant 0.56$,$P_{\rho\in(0.5,1)}\leqslant 0.5$;(2)假设 ρ 与 φ 为线性关系。交易者极度反应不足的概率为 $P_{\varphi\in(0,0.15)},_{\rho\in(0.5,1)}=\frac{1}{2}\times(0.5\times0.15)=0.0375$(即为 ρ 与 φ 关系直线下方三角形的面积)。因此,当 $\pi\in(0,\pi')$,$\rho\in(0.5,1)$,交易者极度反应不足时,式(A7)大于 0 的概率为:$P_{\pi\in(0,0.56)}\times P_{\rho\in(0.5,1)}\times P_{\varphi\in(0,0.15)},_{\rho\in(0.5,1)}\leqslant 0.56 \times 0.5\times 0.0375=0.0105$。上面仅为宽松情况下的分析,实际发生的概率可能远远低于 0.0105。

附录二 信息市场贡献度(G_{SINF})与 交易者有限理性程度(φ)的关系证明

分别对比分析交易者反应过度、反应不足与适度反应时的信息市场贡献度情况。

1. 交易者反应过度与适度反应

根据附录一,在 $\varphi \geq 1$ 时,式(A7)<0。因为 φ^2 的系数($-9\pi^2+30\pi-26$)小于 0,因此,φ 越大,式(A7)的值越小;从而:

$\frac{\partial f(\pi)}{\partial \pi}|_{\varphi>1} < \frac{\partial f(\pi)}{\partial \pi}|_{\varphi=1} < 0$, $\left| \frac{\partial f(\pi)}{\partial \pi}|_{\varphi=1} \right| < \left| \frac{\partial f(\pi)}{\partial \pi}|_{\varphi>1} \right|$。由于 $\pi=0$

时,两者的信息市场贡献度均为 0,当 $\pi \in (0,1)$ 时,$\left| \frac{\partial f(\pi)}{\partial \pi}|_{\varphi=1} \right| <$

$\left| \frac{\partial f(\pi)}{\partial \pi}|_{\varphi>1} \right|$,这说明 $\frac{\partial G_{SINF}}{\partial \pi}|_{\varphi>1}$ 的变化率大于 $\frac{\partial G_{SINF}}{\partial \pi}|_{\varphi=1}$。也就是说,交易者过度反应($\varphi>1$)的信息市场贡献度 G_{SINF} 增长速度小于适度反应($\varphi=1$),交易者过度反应($\varphi>1$)的信息市场贡献度 G_{SINF} 降低速度大于适度反应($\varphi=1$),即交易者过度反应($\varphi>1$)的信息市场贡献度 G_{SINF} 曲线处于适度反应($\varphi=1$)的下方,从而说明反应过度($\varphi>1$)的信息市场贡献度始终小于适度反应($\varphi=1$)。

2. 交易者反应不足与适度反应

由于在 $0<\varphi<1$ 情况下,式(A7)并不是恒小于 0,因此,对比分析交易者反应不足与反应适度或过度时的信息市场贡献度不适合采用函数凹凸性方法(即上述交易者反应过度与适度反应的方法)。

为方便推导,将式(4.26)简化为:

$$G_{SINF} = \frac{f(\varphi^2)}{f(\varphi^2)+B} \tag{B1}$$

其中，$f(\varphi^2)=\left(\dfrac{\pi(3-\pi)}{4(2-\pi)(\varphi^2+\pi+\pi(1-\pi)\rho)}\right)^2\cdot\varphi^2(1-\pi)\rho+\varphi^2 S_\theta^2$，

$B=S_{X,NOISE}^2$。

这样：

$$\frac{\partial G_{SINF}}{\partial f(\varphi^2)}=\frac{B}{(f(\varphi^2)+B)^2}>0,\frac{\partial \varphi^2}{\partial\varphi}=2\varphi>0 \tag{B2}$$

$$\frac{\partial G_{SINF}}{\partial\varphi}=\frac{\partial G_{SINF}}{\partial f(\varphi^2)}\cdot\frac{\partial f(\varphi^2)}{\partial\varphi^2}\cdot\frac{\partial\varphi^2}{\partial\varphi} \tag{B3}$$

$$\frac{\partial f(\varphi^2)}{\partial\varphi^2}=\frac{\rho(1-\pi)}{16}\cdot\left(\frac{\pi(3-\pi)}{(2-\pi)}\right)^2\cdot\frac{\pi+\pi(1-\pi)\rho-\varphi^2}{(\varphi^2+\pi+\pi(1-\pi)\rho)^3}+S_\theta^2 \tag{B4}$$

值得注意的是，式(B4)中只有 $\pi+\pi(1-\pi)\rho-\varphi^2$ 有可能小于 0。令 $\varphi^{2*}=\pi+\pi(1-\pi)\rho,\dfrac{\partial\varphi^{2*}}{\partial\pi}=1+\rho-2\pi\rho=1-\pi\rho+\rho(1-\pi)$，由于 $\pi\in(0,1)$，$\rho\in(0,1)$，因此，$\dfrac{\partial\varphi^{2*}}{\partial\pi}>0$，$\varphi^{2*}\in(0,1)$。

(1)当 S_θ^2 为 0 时[①]

a. 当 $\varphi^{2*}<\varphi^2<1$ 时，则 $\dfrac{\partial f(\varphi^2)}{\partial\varphi^2}<0$，$G_{SINF}$ 与 φ 负相关，即交易者反应程度越大，信息市场贡献度越低。特别是，当 $\pi\to 0$ 时，则 $\varphi^{2*}\to 0$，此时只要 $\varphi>0$，即可使 $\varphi^{2*}<\varphi^2<1$ 成立；即在信息发布初期($\pi\to 0$)，G_{SINF} 与 φ 负相关，交易者反应程度越大，信息市场贡献度越低，亦即，此时交易者对信息的反应程度越谨慎(反应不足)越好。

b. 当 $\varphi^2<\varphi^{2*}$ 时，$\dfrac{\partial f(\varphi^2)}{\partial\varphi^2}>0$，$G_{SINF}$ 与 φ 正相关，即交易者对信息的反应程度越大，信息市场贡献度越高。特别是，当 $\pi\to 1$ 时，$\varphi^{2*}\to 1$，由于 $0<\varphi<1$，因此，此时 $\varphi^2<\varphi^{2*}$。即当市场信息公开程度很高($\pi\to 1$)时，交易者对信息的反应程度越大越好，即越接近适度反应($\varphi=1$)越好。

综上，存在一个 $\varphi^{2*}(0<\varphi^{2*}<1$，为 π 与 ρ 的函数)，当交易者信息反应程度小于 φ^{2*} 时，交易者对信息反应程度越小，信息市场贡献度越大；反之，交易者对信息反应程度越大，信息市场贡献度越大。

---

① 对于非知情交易者而言，其信息获取主要是通过知情交易者的交易进行推测，而反应不足的知情交易者对信息反应不足会使得非知情交易者的预测精度 ρ_2 降低，甚至为 0，因此，假设 $S_\theta^2=0$ 存在合理性。

(2)当S_θ^2不为0时,则需要具体分析式(B4)与0的关系

令$M=\dfrac{\rho(1-\pi)}{16}\cdot\left(\dfrac{\pi(3-\pi)}{(2-\pi)}\right)^2$,$N=\pi+\pi(1-\pi)\rho$,$P=S_\theta^2$,则$\dfrac{\partial f(\varphi^2)}{\partial\varphi^2}=$

$M\cdot\dfrac{N-\varphi^2}{(\varphi^2+N)^3}+P$。

令$\dfrac{\partial f(\varphi^2)}{\partial\varphi^2}=0$,则:$P(\varphi^2+N)^3-M(\varphi^2+N)+2MN=0$。

根据卡尔丹公式法,判别式$\Delta=\left(\dfrac{MN}{P}\right)^2+\left(-\dfrac{M}{3P}\right)^3$,当$\Delta>0$时,方程有一个实根和1对共轭虚根;当$\Delta=0$时,方程有3个实根,其中有1个为两重根;当$\Delta<0$时,方程有3个不相等的实根。3个根为:

$$\varphi_1^{2*}=\sqrt[3]{-\dfrac{MN}{P}+\sqrt{\Delta}}+\sqrt[3]{-\dfrac{MN}{P}-\sqrt{\Delta}}-N$$

$$\varphi_2^{2*}=\omega\sqrt[3]{-\dfrac{MN}{P}+\sqrt{\Delta}}+\omega^2\sqrt[3]{-\dfrac{MN}{P}-\sqrt{\Delta}}-N$$

$$\varphi_3^{2*}=\omega^2\sqrt[3]{-\dfrac{MN}{P}+\sqrt{\Delta}}+\omega\sqrt[3]{-\dfrac{MN}{P}-\sqrt{\Delta}}-N \qquad (B5)$$

其中,$\omega=\dfrac{-1+\sqrt{3}i}{2}$,$\omega^2=\dfrac{-1-\sqrt{3}i}{2}$。不妨假设3个根在数轴上的位置从左到右依次为$\varphi_1^{2*}$,$\varphi_2^{2*}$,$\varphi_3^{2*}$。由于$M>0,N>0,P>0$,因此,

①φ_1^{2*},舍掉。这主要是因为当$\Delta>0$时,$-\dfrac{MN}{P}+\sqrt{\Delta}<0(\Delta<\dfrac{MN}{P})$,因此,$\varphi_1^{2*}<0$;当$\Delta=0$时,$\varphi_1^{2*}=2\sqrt[3]{-\dfrac{MN}{P}}-N<0$;当$\Delta<0$时,$\varphi_1^{2*}$、$\varphi_2^{2*}$与$\varphi_3^{2*}$均为实根,$\varphi_1^{2*}<0$,也就是说$\varphi_1^{2*}$恒小于0,因此舍掉。

②φ_3^{2*},舍掉。根据数学中数轴穿根法,当$\varphi^2>\varphi_3^{2*}$时,$\dfrac{\partial f(\varphi^2)}{\partial\varphi^2}>0$,即$\dfrac{\partial G_{SINF}}{\partial\varphi}>0$,$G_{SINF}$与$\varphi$正相关,即交易者反应程度越大,信息市场贡献度越高,这与前面反应过度的推导结论不符,交易者过度反应($\varphi>1$)的信息市场贡献度G_{SINF}始终低于适度反应($\varphi=1$),因此,φ_3^{2*}舍掉。

③因此,只需讨论φ_2^{2*}即可,并且$\Delta<0$。因为当$\Delta>0$时,φ_2^{2*}与φ_3^{2*}为共轭虚根,当$\Delta=0$时,$\varphi_2^{2*}=\varphi_3^{2*}=\sqrt[3]{\dfrac{MN}{P}}-N$,同样与前面反应过度的推导结论

不符,舍掉。从而可以说明 Δ 必定小于 0,φ_2^{2*} 为实根,且 $\varphi_2^{2*}>0$。

从而可以得到:

a. 当 $0<\varphi^2<\varphi_2^{2*}$ 时,$\dfrac{\partial f(\varphi^2)}{\partial \varphi^2}>0$,即 $\dfrac{\partial G_{SINF}}{\partial \varphi}>0$,$G_{SINF}$ 与 φ 正相关,即交易者反应程度越大,信息市场贡献度越高;

b. 当 $\varphi^2>\varphi_2^{2*}$ 时,$\dfrac{\partial f(\varphi^2)}{\partial \varphi^2}<0$,即 $\dfrac{\partial G_{SINF}}{\partial \varphi}<0$,$G_{SINF}$ 与 φ 负相关,即交易者反应程度越大,信息市场贡献度越低。

综上所述,适度反应($\varphi=1$)的信息市场贡献度始终高于反应过度($\varphi>1$)。反应不足($0<\varphi<1$)的信息市场贡献度与适度反应($\varphi=1$)、反应过度($\varphi>1$)的关系则取决于 φ_2^{2*} 的大小(φ_2^{2*} 与市场信息公开程度和预测精度有关)。

附录三　信息市场贡献度(G_{SINF})与交易者信息预测精度(ρ)正相关关系证明

为简化推导,将式(3.26)简化为:

$$G_{SINF} = \frac{SINF + A}{SINF + A + B} \tag{C1}$$

其中,$SINF = \left(\dfrac{\pi(3-\pi)}{4(2-\pi)(\varphi^2 + \pi + \pi(1-\pi)\rho)}\right)^2 \cdot \varphi^2(1-\pi)\rho$,$A = \varphi^2 S_\theta^2 = \varphi^2 k^2 \rho$,$B = S_{X,NOISE}^2$。

$$\frac{\partial G_{SINF}}{\partial(SINF+A)} = \frac{B}{(SINF+A+B)^2} > 0 \tag{C2}$$

$$\frac{\partial G_{SINF}}{\partial \rho} = \frac{\partial G_{SINF}}{\partial(SINF+A)} \cdot \frac{\partial(SINF+A)}{\partial \rho} \tag{C3}$$

$$\frac{\partial(SINF+A)}{\partial \rho} = \frac{\varphi^2(1-\pi)}{16} \cdot \left(\frac{\pi(3-\pi)}{(2-\pi)}\right)^2 \cdot \frac{\varphi^2 + \pi + \pi(1-\pi)\rho - 2\pi(1-\pi)\rho}{(\varphi^2 + \pi + \pi(1-\pi)\rho)^3}$$
$$+ \varphi^2 k^2$$
$$= \frac{\varphi^2(1-\pi)}{16} \cdot \left(\frac{\pi(3-\pi)}{(2-\pi)}\right)^2 \cdot \frac{\varphi^2 + \pi - \pi(1-\pi)\rho}{(\varphi^2 + \pi + \pi(1-\pi)\rho)^3} + \varphi^2 k^2 \tag{C4}$$

由于 $\pi \in (0,1)$,$\rho \in (0,1)$,因此,$\pi(1-\pi)\rho < \pi$,$\varphi^2 + \pi - \pi(1-\pi)\rho > 0$,从而 $\dfrac{\partial SINF + A}{\partial \rho} > 0$。因此,$\dfrac{\partial G_{SINF}}{\partial \rho} > 0$,从而可以说明 G_{SINF} 与 ρ 正相关,即交易者预测精度越高,G_{SINF} 越大,信息效率越高。

另一方面,结合附录二中信息市场贡献度(G_{SINF})与交易者反应程度(φ)的关系,由式(B4)可以发现,当交易者信息预测精度 $\rho \to 0$ 时,$\dfrac{\partial f(\varphi^2)}{\partial \varphi^2} \to 0$,也就是

说,当 $\rho \to 0$ 时,信息市场贡献度的增长速率也趋于 0,这说明此时信息市场贡献度与交易者的信息反应程度没有关系(或者说关系不大)。

综上所述,信息市场贡献度(G_{SINF})与交易者信息预测精度(ρ)正相关。当 $\rho \to 0$ 时,信息市场贡献度的增长速率也趋于 0,且与交易者的信息反应程度没有关系。

参考文献

[1]Andersen T G. Return volatility and trading volume：An information flow interpretation of stochastic volatility[J]. The Journal of Finance,1996,51 (1)：169-204.

[2]An H,Zhang T. Stock price synchronicity,crash risk,and institutional investors[J]. Journal of Corporate Finance,2013,21：1-15.

[3]Alves P,Peasnell K,Taylor P. The use of the R^2 as a measure of firm-specific information：A cross-country critique[J]. Journal of Business Finance & Accounting,2010,37：1-26.

[4]Aktas N,Bodt E,Declerck F,et al. The PIN anomaly around M&A announcements[J]. Journal of Financial Market,2007,10(2)：169-191.

[5]Abad D,Massot M,Pascual R. Evaluating VPIN as a trigger for single -stock circuit breakers[J]. Journal of Banking and Finance,2018,86：21-36.

[6]Barberis N,Shleifer A,Vishny R. A model of investor sentiment[J]. Journal of Financial Economics,1998,49(3)：307-343.

[7]Barberis N,Ming H. Mental Accounting,Loss Aversion,and Individual Stock Returns[J]. Journal of Finance,2001,56 (4)：1247-1292.

[8]Barberis N A,Shleifer J,Wurgler J. Comovement[J]. Journal of Financial Ecomomics,2005,75：283-317

[9]Banerjee S,Davis J,Gondhi N. When Transparency Improves,Must Prices Reflect Fundamentals Better? [J]. The Review of Financial Studies, 2018,31(6)：2377-2414.

[10]Banerjee S. Learning from prices and the dispersion in beliefs[J]. The Review of Financial Studies,2011,24(9):3025-3068.

[11]Black F. Noise [J]. Journal of Finance,1986,41:529-543.

[12]Brockman P,Yan X. Block ownership and firm-specific information [J]. Journal of Banking and Finance,2009,33:308-316.

[13]Boudoukh J K,Feldman R,Kogan S,et al. Which News Moves Stock Prices? A Textual Analysis[C]. WFA. 2013.

[14]Campbell J Y,Lettau M. Dispersion and Volatility in Stock Returns: An Empirical Investigation[J]. NBER Working Paper,1999.

[15]Campbell J Y,Cochrane J H. By Force of Habit:A Consumption-Based Explanation of Aggregate Stock Market Behavior[J]. Journal of Political Economy,1999,107(2):205-251.

[16]Campbell J Y,Kyle A S. Smart Money,Noise Trading and Stock Price Behavior[J]. Social Science Electronic Publishing,1993,60(1):1-34.

[17]Cao H,Ou-Yang H. Differences of opinion of public information and speculative trading in stocks and options[J]. Review of Financial Studies,2009,22(1):299-335.

[18]Cao J,Han B. Cross-Section of Option Returns and Idiosyncratic Stock Volatility[J]. Journal of Financial Economics,2013,108(1):231-249.

[19]Chan K,Chan Y C. Price informativeness and stock return synchronicity:Evidence from the pricing of seasoned equity offerings[J]. Journal of Financial Economics,2014,114(1):36-53.

[20]Chan K,Hameed A. stock price synchronicity and analyst coverage in emerging markets[J]. Journal of Financial Economics,2006,80:115-147.

[21]Chen J Z,Lobo G J,Zhang J H. Accounting Quality,Liquidity Risk,and Post-Earnings-Announcement Drift[J]. Contemporary Accounting Research,2017,34(3):1649-1680.

[22]Chen Q,Goldstein I,Jiang W. Price informativeness and investment sensitivity to stock price[J]. The Review of Financial Studies,2007,20:619-650.

[23]Chun H,Kim J W,Morck R,et al. Creative destruction and firm-specific performance heterogeneity[J]. Journal of Financial Economics,2008,89:

109-135.

[24]Chung K H,Li M S,Mclnish T H. Information-based trading,price impact of trades,and trade auto-correlation[J]. Journal of Banking & Finance, 2005,29(7):1645-1669.

[25]Condie S. ,Ganguli J. The pricing effects of ambiguous private infor-mation[J]. Journal of Economic Theory,2017,172:512-557.

[26]Dang T L,Moshirian F,Zhang B. Commonality in news around the world[J]. Journal of Financial Economics,2015,116:82-110.

[27]Daniel K,Hirshleifer D,Subrahmanyam A. Investor psychology and security market under and overreactions[J]. The Journal of Finance,1998,53 (6):1839-1885.

[28]Dasgupta S,Gan J,Gao N. Transparency,Price Informativeness,and Stock Return Synchronicity:Theory and Evidence[J]. Journal of Financial & Quantitative Analysis,2010,45:1189-1220.

[29]De Bondt W,Thaler R. Further Evidence on Investor Over-reaction and Stock Market Seasonality [J]. Journal of Finance,1987,42:557-582.

[30]De Long J B,Shleifer A,Summers L,Waldmann R. Noise trader risk in financial markets [J]. Journal of Political Economy,1990,98:703-738.

[31]Defond M L,Hung M. Investor Protection and Corporate Govern-ance:Evidence from Worldwide CEO Turnover[J]. Journal of Accounting Re-search,2004,42(2):269-312.

[32]Dow J,Han J. The Paradox of Financial Fire Sales:The Role of Arbi-trage Capital in Determining Liquidity[J]. Journal of Finance,2017,73(1): 229-274.

[33]Durnev A,Morck R,Yeung B. Does Greater Firm-Specific Return Variation Mean More or Less Informed Stock Pricing[J]. Journal of Account-ing Research,2003,41:797-836.

[34]Durnev A,Morck R,Yeung B. Value-Enhancing Capital Budgeting and Firm-Specific Stock Return Variation[J]. Journal of Finance,2004,59(1): 65-105.

[35]Dong F ,Wilson S D. Does High Stock Price Synchronicity Always Hurt Mutual Fund Industry? Sentiment Matters[J]. Journal of Behavioral Fi-

nance,2019(1):73-80.

[36]Easley D,O'Hara M. Price,trade size,and information in securities markets[J]. Journal of Financial Economics,1987,19 (1):69-90.

[37]Easley D,Kiefer N M,O'Hara M. The information content of the trading process[J]. Journal of Empirical Finance,1997,4(2-3):159-186.

[38]Easley D,O'Hara M. Is information risk a determinant of asset returns? [J]. Journal of Finance,2002,57(5):2185-2221.

[39]Easley D,Wu,L,Engle,Robert F.,O'Hara,Maureen. Time-Varying Arrival Rates of Informed and Uninformed Trades[J]. Journal of Financial Economics,2008,6(2):171-207.

[40]Easley D,Marcos L P,O'Hara M. Flow Toxicity and Liquidity in a High-frequency World[J]. Review of Financial Studies,2012,25(5):1457-1493.

[41]Eun C S,Wang L,Xiao S C. Culture and R^2[J]. Journal of Financial Economics,2014,115(2):283-303.

[42]Fama E F. Efficient Capital Markets:A Review of Theory and Empirical Work [J]. Journal of Finance,1970,25:383-417.

[43]Fernandes N,Ferreira M A. Insider Trading Laws and Stock Price Informativeness[J]. Review of Financial Studies,2009(5):1845-1887.

[44]French K R. Stock returns and the weekend effect[J]. Journal of Financial Economics,1980,8(1):55-69.

[45]French K R,Roll R. Stock return variances:The arrival of information and the reaction of traders[J]. Journal of Financial Economics,1986,17 (1):5-26.

[46]Gibbsons M R,Hess P J. Day of the week effects and asset returns [J]. Journal of Bussiness,1981,54:579-596.

[47]Goldstein I,Yang L. Good Disclosure,Bad Disclosure[J]. Journal of Financial Economics,2019,131:118-138.

[48]Goldstein I,Yang L. Information Disclosure in Financial Markets[J]. Annual Review of Financial Economics,2017,9(1):101-125.

[49]Goldstein I,Yang L. Information Diversity and Complementarities in Trading and Information Acquisition[J]. Journal of Finance,2015,70(4):1723-

1765.

[50]Goldstein I,Li Y,Yang L. Speculation and Hedging in Segmented Markets[J]. Review of Financial Studies,2014,27(3):881-922.

[51]Gomes A. Going Public without Governance:Managerial Reputation Effects[J]. The Journal of Finance,2000,55(2):615-646.

[52]Grossman S J,Stiglitz J E. On the Impossibility of Informationally Efficient Markets:Reply[J]. American Economic Review,1980,70(3):393-408.

[53]Gul F A,Kim J B,Qiu A A. Ownership concentration,foreign share-holding,audit quality,and stock price synchronicity:Evidence from China[J]. Journal of Financial Economics,2010,95(3):425-442.

[54]Han B,Tang Y,Yang L Y. Public information and uninformed trading:Implications for market liquidity and price efficiency[J]. Journal of Economic Theory,2016,5(163):604-643.

[55]Han Y F,Lesmond D. Liquidity Biases and the Pricing of Cross-sectional Idiosyncratic Volatility[J]. The Review of Financial Studies,2011(5):1590-1629.

[56]Hong H. Stein J C. A unified theory of underreaction,momentum trading and overreaction in asset markets[J]. The Journal of Finance,1999,54(6):2143-2184.

[57]Hong H,Scheinkman J,Xiong W. A sset float and speculative bubbles [J]. Journal of Finance,2006,61 (3):1073-1117.

[58]Hou K,Peng L,Xiong W. Is R^2 a Measure of Market Inefficiency? [EB/OL]. http://101. 96. 10. 61/ www. princeton. edu/～wxiong /papers/R^2. pdf. Working Paper,Princeton University,2013.

[59]Hutton A P,Marcus A J,Tehranian H. Opaque financial reports,R^2, and crash risk[J]. Journal of Financial Economics,2009(1):67-86.

[60]Hu C,Liu S. The implications of low R^2:Evidence from China[J]. Emerging Markets Finance &Trade,2013,49(1):17-32.

[61]Illeditsch P,Ganguli J,Condie S. Information Inertia[J]. The Journal of Finance,2021,76(1):443-479.

[62]Ingersoll J E,Jin L J. Realization Utility with Reference-Dependent

Preferences[J]. Review of Financial Studies,2013,(3):723-767.

[63]Jin L. ,Myers S. C. R^2 around the world:new theory and new tests [J]. Journal of Financial Economics,2006(79):257-292.

[64]Jiang G. J. Xu D. Yao T. The information content of idiosyncratic volatility[J]. Journal of Financial and Quantitative Analysis,2009(1):1-28.

[65]Kenneth D. West. Dividend Innovations and Stock Price Volatility. Econometrica,1988(1):37-61.

[66]Kelly P J. Information Efficiency and Firm-specific Return Variation [J]. Quarterly Journal of Finance,2014:1450018-1—1450018-42.

[67]Kim J,Zhang H,Li L,et al. Press freedom,externally-generated transparency,and stock price informativeness:International evidence[J]. Journal of Banking and Finance,2014,46:299-310.

[68]Kim J B,Shi H. IFRS reporting,firm-specific information flows,and institutional environments: international evidence[J]. Review of Accounting Studies,2012,17(3):474-517.

[69]Kovacs T. Intra-industry information transfers and the post-earnings-announcement drift[J]. Contemporary Accounting Research,2016(33):1549-1575.

[70]Ko K J,Huang Z J. Arrogance can be a virtue:Overconfidence,information acquisition,and market efficiency[J]. Journal of Financial Economics,2007,84(2):529-560.

[71]Kyle A S. Continuous Auctions and Insider Trading[J]. Econometric,1985,53 (6):1315-1335.

[72]Kacperczyk M,Sundaresan S,Wang T. Do Foreign Institutional Investors Improve Price Efficiency? [J]. The Review of Financial Studies,2021, 34 (3):1317-1367.

[73]Krishnaswami S,Subramaniam V,Ellis D,et al. Information asymmetry,valuation,and the corporate spin-off decision[J]. Journal of Financial Economics,1999,53(1):73-112.

[74]Kumar A,Lee C M. Retail investor sentiment and return comovements[J]. Journal of Finance,2006,61:2451-2486.

[75]Lee D W,Liu M H. Does more information in stock price lead to

greater or smaller idiosyncratic return volatility? [J]. Journal of Banking & Finance,2011(35):1563-1580.

[76]Li S. ,Brockman P. ,Zurbruegg R. Cross-listing,firm-specific information,and corporate governance: Evidence from Chinese A-shares and H-shares[J]. Journal of Corporate Finance,2015(32):347-362.

[77]Li B,Rajgopal S,Venkatachalam M. R2 and idiosyncratic risk are not interchangeable[J]. Social Science Electronic Publishing,2014,89(6):2261-2295.

[78]Mahdi N. ,Mark S. Private Information,Securities Lending,and Asset Prices[J]. The Review of Financial Studies,2021,35(2):1009-1063.

[79]Mehra R,Prescott E. The equity premium:a puzzle[J]. Journal of Monetary Economics,1985,15(2):145-161.

[80]Mandelbrot B B. Forecasts of future prices,unbiased markets,and "martingale" models[J]. Journal of Business,1966,39:242-245.

[81]Morck R,Yeung,B. ,Yu,W. The information content of stock markets:Why do emerging markets have synchronous stock price movements? [J]. Journal of Financial Economics,2000,58:215-260.

[82]Morck R,Yeung B,Yu W. R2 and the economy[J]. Annual Review of Financial Economy,2013,5:143-166.

[83]Nezafat M. ,Schroder M,Wang Q. Short-sale constraints,information acquisition,and asset prices[J]. Journal of Economic Theory,2017,172:273-312.

[84]O'Hara M. Market Microstructure Theory[M]. Cambridge:Basil Blackwell,1995.

[85]Odean Terrance. Do Investors Trade Too Much? [J]. American Economic Review,1999,89(5):1279-1298.

[86]Odean T. Are Investors Reluctant to Realize Their Losses? Terrance Odean The Journal of Finance,Vol. LIII,No. 5,October 1998,p. 1775-1798 I. The Disposition Effect (tendency to hold losers too long and sell winners too soon) [J]. Ssrn Electronic Journal,1998.

[87]Pastor L,Veronesi P. Stock Valuation and Learning about Profitability[J]. Journal of Finance,2003,58(5):1749-1789.

[88]Panagiotis, Paparizos, Dimitrios, et al. On high frequency dynamics between information asymmetry and volatility for securities[J]. Journal of Economic Asymmetries, 2016, 13:21-34.

[89]Peng L, Xiong W. Investor attention, overconfidence and category learning[J]. Journal of Financial Economics, 2006, 80:563-602.

[90]Piotroski J, Roulstone D. The Influence of Analysts, Institutional Investors, and Insiders on the Incorporation of Market, Industry, and Firm-Specific Information into Stock Prices[J]. The Accounting Review, 2004, 79:1119-1151.

[91]Ramiah V, Davidson S. An Information-Adjusted Noise Model: Evidence of inefficiency on the Australian Stock Market[J]. Journal of Behavioral Finance, 2007(4):209-224.

[92]Roll R. R^2[J]. The Journal of Finance, 1988, 43:541-566.

[93]Richard H T. Advances in Behavioral Finance(Volume II)[M]. NJ: Princeton University Press, 2005.

[94]Shiller R J. Irrational Exuberance [M]. Princeton, NJ: Princeton University Press, 2000.

[95]Sing T F, Cheng H, Lim K G. Industry integration and stock price synchronicity[EB/OL]. https://papers. Ssrn. com/sol3/papers. cfm? abstract_id = 2425042, SSRN, 2015.

[96]Subrahmanyam A. Risk aversion, market liquidity, and price efficiency[J]. Review of Financial Studies, 1991, 4(3):417-441.

[97]Samuelson P. Proof that anticipated prices fluctuate randomly[J]. Ind. manage. rev, 1965.

[98]Skaife H A, Gassen J, Lafond R. Does Stock Price Synchronicity Represent Firm-Specific Information? The International Evidence[J]. Ssrn Electronic Journal, Working Paper, 2014.

[99]Stiglitz J E. Economics of the Public Sector[J]. Pearson Schweiz Ag, 2000(3):345-368.

[100]Tan H. T. , Wang E. Y. , Zhou B. O. When the Use of Positive Language Backfires: The Joint Effect of Tone, Readability and Investor Sophistication on Earnings Judgments[J]. Journal of Accounting Research, 2015, 52:273-

302.

[101]Tauchen G E,Pitts M. The price variability-volume relationship on speculative markets[J]. Econometrica,1983,51(2):485-505.

[102]West K. Dividend innovations and stock price volatility[J]. Econometrica,1988,56:37-61.

[103]Wurgler J. Financial markets and the allocation of capital[J]. Journal of Financial Economics,2000,58:187-214.

[104]Zhang Benzhao,Xie Xuan. Relationship Between Voluntary Disclosure,Stock Price Synchronicity and Financial Status:Evidence from Chinese Listed Companies[J]. American Journal of Operations Management and Information Systems,2019(3):37-61.

[105]Zhou D,Zhen F. Risk aversion,informative noise trading,and long-lived information[J]. Economic Modelling,2021,97:247-254.

[106]Zhu S,Jiang X Y,Ke X L,Bai X Y. Stock index adjustments,analyst coverage and institutional holdings:Evidence from China[J]. China Journal of Accounting Research,2017,10(3):281-293.

[107]陈强,龚玉婷,林小强. 信息公开程度、预期精度与金融市场动态机理[J]. 管理科学学报,2016,19(4):88-103.

[108]陈浪南,熊伟,欧阳艳艳. 股市特质风险因子与噪声交易[J]. 系统工程理论与实践,2016,36(11):2752-2763.

[109]陈浪南,熊伟. 公司特质波动决定因素研究——信息效率还是噪声交易?[J]. 中国会计评论,2014(1):1-16.

[110]陈梦根,毛小元. 股价信息含量与市场交易活跃程度[J]. 金融研究,2007(3):125-139.

[111]陈冬华,姚振晔. 政府行为必然会提高股价同步性吗?——基于我国产业政策的实证研究[J]. 经济研究,2018,53(12):112-128.

[112]程天笑,刘莉亚,关益众. QFII与境内机构投资者羊群行为的实证研究[J]. 管理科学,2014,27(4):110-122.

[113]才静涵,夏乐. 卖空制度、流动性与信息不对称问题研究——香港市场的个案[J]. 管理科学学报,2011,14(2):71-85.

[114]邓可斌,丁重. 中国为什么缺乏创造性破坏?——基于上市公司特质信息的经验证据[J]. 经济研究,2010,45(6):66-79.

[115]杜成.从 QFII 制度看我国外资引进方式的变迁[J].经济论坛,2003(15):15.

[116]杜金泉,李松,王玉峰.基于信息质量的股价同步性与信息有效性研究[J].商业研究,2020(2):111-119.

[117]丁慧,吕长江,陈运佳.投资者信息能力:意见分歧与股价崩盘风险——来自社交媒体"上证 e 互动"的证据[J].管理世界,2018,34(9):161-171.

[118]傅樵,陈雯.媒体关注、会计信息质量与股价同步性[J].财会通讯,2019(10):8-11.

[119]冯晓晴,文雯,何瑛.控股股东股权质押会损害资本市场信息效率吗?——来自股价同步性的经验证据[J].审计与经济研究,2020,35(1):79-89.

[120]高伯任.上市公司自媒体信息披露经济后果研究——基于新浪微博的实证[J].技术经济与管理研究,2020(7):62-67.

[121]顾小龙,张霖琳,许金花.证券监管处罚、公司印象管理与 CEO 过度投资[J].经济管理.2017,39(2):66-84.

[122]顾琪,王策.融资融券制度与市场定价效率——基于卖空摩擦的视角[J].统计研究,2017,34(1):80-90.

[123]郭白滢,李瑾.机构投资者信息共享与股价崩盘风险——基于社会关系网络的分析[J].经济管理,2019,41(7):171-189.

[124]韩立岩,郑君彦,李东辉.沪市知情交易概率(PIN)特征与风险定价能力[J].中国管理科学,2008,16(1):16-24.

[125]韩汉君,燕麟.我国股票市场价格机制与资金配置效率研究[J].上海经济研究,2017(2):95-105+128.

[126]冯旭南,李心愉.中国证券分析师能反映公司特质信息吗?——基于股价波动同步性和分析师跟进的证据[J].经济科学,2011(4):99-106.

[127]黄俊,郭照蕊.新闻媒体报道与资本市场定价效率[J].管理世界,2014(5):121-130.

[128]黄羿,祝炜,朱书尚,等.结合"向后看"和"向前看"信息的投资组合优化[J].系统工程理论与实践,2021,41(4):861-881.

[129]黄灿,李善民,庄明明,黄志宏.内幕交易与股价同步性[J].管理科学,2017,30(6):3-18.

[130]黄锐.量化交易改善了中国股指期货市场质量吗?——基于股指期货高频数据的分析[J].金融经济学研究,2016,31(3):60-69.

[131]黄诒蓉,白羽轩.网络传染是"真羊群"还是"伪羊群"？——网络传染程度对资本市场定价效率的影响[J].中国管理科学,2021,29(9):12-24.

[132]何贤杰,王孝钰,孙淑伟,朱红军.网络新媒体信息披露的经济后果研究——基于股价同步性的视角[J].管理科学学报,2018,21(6):43-59.

[133]胡军,王甄.微博,特质性信息披露与股价同步性[J].2015(11):190-206.

[134]胡媛,韦肖莹,王灿.微博信息质量评价指标体系构建研究[J].情报科学,2017,6:44-50.

[135]姜超.证券分析师、内幕消息与资本市场效率——基于中国 A 股股价中公司特质信息含量的经验证据[J].经济学(季刊),2013,12(2):429-452.

[136]纪彰波,臧日宏.资本市场开放能够提高股票价格稳定性吗？——基于沪港通的经验证据[J].世界经济研究,2019(5):14-26.

[137]江昊.基金持股,信息披露与股价同步性——基于操纵性行为的调节效应[J].金融理论探索,2021(5):36-43.

[138]孔东民,申睿.R^2、异常收益与交易的信息成分[J].中大管理研究,2008,3(3):91-112.

[139]李平,汤怀林,王张琦,等.知情交易概率与风险定价——基于不同 PIN 测度方法的比较研究[J].管理科学学报,2020,23(1):33-46.

[140]李朋,刘善存.信息性交易概率分解与买卖价差研究[J].南方经济,2006(2):13-22.

[141]李自然,乔兆容,汪寿阳,祖垒.基于信息扩散模型的股市周期波动分析——经验与国内应用[J].金融研究,2018,38(10):2449-2465.

[142]李蕾,韩立岩.价值投资还是价值创造？——基于境内外机构投资者比较的经验研究[J].经济学(季刊),2013,13(1):351-372.

[143]李伟强,张守信.中国股票市场"下行 Beta 之谜"——基于信息质量与投资者风险偏好的解释[J].经济与管理,2022,36(1):73-79.

[144]李增泉.所有权结构与股票价格的同步性——来自中国股票市场的证据[J].中国会计与财务研究,2005(7):57-82.

[145]李留闯,田高良,马勇,等.连锁董事和股价同步性波动:基于网络视角的考察[J].管理科学,2012(6):86-100.

[146]李洋,王春峰,向健凯,房振明.交易者有限理性、信息披露质量与价格发现效率[J].系统工程理论与实践,2020,40(7):1682-1693.

[147]刘维奇,郑睿.过度反应视角下的股市反转效应与个体风险偏好[J].系统工程学报,2020,35(4):535-543.

[148]刘海飞,许金涛,柏巍,李心丹.社交网络、投资者关注与股价同步性[J].管理科学学报,2017,20(2):53-62.

[149]刘星,吴先聪.机构投资者异质性、企业产权与公司绩效——基于股权分置改革前后的比较分析[J].中国管理科学,2011,19(5):182-192.

[151]刘茹.从行为金融学的角度透析我国证券市场的效率[D].青岛:中国海洋大学,2006.

[152]刘力.行为金融理论对效率市场假说的挑战[J].经济科学,1999(3):63-71.

[153]路晓蒙,张勇,潘黎.持股周期与股票盈利:来自中国 A 股市场的证据[J].统计研究,2020,37(4):32-45.

[154]林忠国,韩立岩,李伟.股价波动非同步性——信息还是噪声?[J].管理科学学报,2012,15(6):68-81.

[155]刘霞,刘善存,张强.信息认知偏差、有限竞争与资产定价[J].中国管理科学,2021(4):9-17.

[156]刘莎莎,孔东民,邢精平.私有信息风险被市场定价了吗——来自中国股市的证据[J].金融评论,2011(1):61-74.

[157]莫祖英,马费成,罗毅,微博信息质量评价模型构建研究[J].信息资源管理学报,2013,2:12-18.

[158]彭叠峰,饶育蕾,雷湘媛.有限关注、噪声交易与均衡资产价格[J].管理科学学报,2015,18(9):86-94.

[159]潘婉彬,武亚楠,陶利斌.知情交易者在公司 IPO 前五年扮演何种角色?[J].经济管理,2013(3):96-106.

[160]潘宁宁,朱宏泉.基金持股与交易行为对股价联动的影响分析[J].管理科学学报,2015,18(3):90-103.

[161]曲鸿雁.证券市场信息传导研究[D].杭州:浙江大学,2001.

[162]屈文洲,谢雅璐,叶玉妹.信息不对称、融资约束与投资—现金流敏感性——基于市场微观结构理论的实证研究[J].经济研究,2011(6):105-116.

[163]饶育蕾,许军林,梅立兴,刘敏.QFII 持股对我国股市股价同步性的影响研究[J].管理工程学报,2013,27(2):202-208.

[164]盛宇.基于内容的微博信息质量评价研究——以新浪微博为例[J].

情报科学,2013(5):51-54.

[165]孙显超,张莉,刘学航.QFII 投资中国 A 股市场——信息交易还是噪声交易?[J].投资研究,2019(5):66-80.

[166]苏冬蔚.噪声交易与市场质量[J].经济研究,2008,43(9):82-95.

[167]沈勇涛,高玉森.A 股分析师"存在即合理"吗?——基于分析师降噪的视角[J].上海金融,2020(5):24-32.

[168]唐松,胡威,孙铮.政治关系、制度环境与股票价格的信息含量——来自我国民营上市公司股价同步性的经验证据[J].金融研究,2011(7):182-195.

[169]田高良,封华,张亭.风险承担、信息不透明与股价同步性[J].系统工程理论与实践,2019,39(3):578-595.

[170]陶东旭.公司特质信息与股价同步性研究[J].当代经济,2016(25):111-113.

[171]肖争艳,谢聪,陈彦斌.股票网络平台中的噪声会影响股价同步性吗[J].经济理论与经济管理,2021,41(10):65-80.

[172]王木之,李丹.新审计报告和股价同步性[J].会计研究,2019(1):86-92.

[173]王立章,王咏梅,王志诚.控制权、现金流权与股价同步性[J].金融研究,2016(5):97-110.

[174]王亚平,刘慧龙,吴联生.信息透明度、机构投资者与股价同步性[J].金融研究,2009(12):162-174.

[175]王艳艳,于李胜,安然.非财务信息披露是否能够改善资本市场信息环境?——基于社会责任报告披露的研究[J].金融研究,2014(8):178-191.

[176]伍琼,方军雄,褚剑.客户集中度与上市公司股价信息含量——基于股价同步性的证据[J].投资研究,2016,35(11):4-21.

[177]熊航,严武,丁俊峰.股市周期转换、公募基金风险调整行为与投资业绩[J].金融与经济,2017(5):69-76+25.

[178]熊春连,王春峰,房振明.考虑对称性冲击的时变信息风险测量[J].管理科学学报,2015(6):70-83.

[179]肖土盛,宋顺林,李路.信息披露质量与股价崩盘风险:分析师预测的中介作用[J].财经研究,2017,43(2):110-121.

[180]谢成博,张海燕,何平.公允价值计量与股价同步性研究——基于资本市场和个股层面的分析[J].中国会计评论,2012(3):233-254.

[181]徐广成,于悦,陈智.信息环境变化、投资者信息解读与特质信息含量[J].系统工程理论与实践,2016,36(9):2226-2239.

[182]许年行,洪涛,吴世农,徐信忠.信息传递模式、投资者心理偏差与股价"同涨同跌"现象[J].经济研究,2011,46(4):135-146.

[183]许年行,于上尧,尹志宏.机构投资者羊群行为与股价崩盘风险[J].管理世界,2013(7):31-43.

[184]姚禄仕,吴宁宁.基于LSV模型的机构与个人羊群行为研究[J].中国管理科学,2018,26(7):55-62.

[185]杨峰,史琦,姚乐野.基于用户主体认知的政府社交媒体信息质量评价——政务微博的考察[J].情报杂志,2015(12):181-185.

[186]杨宝臣,郭灿,常建勇.基于改进信息交易概率模型的信息风险测度研究[J].管理科学,2014,27(6):121-131.

[187]杨建辉,沈淑.新闻媒体报道对股价同步性影响的实证分析[J].统计与决策,2018,34(12):156-159.

[188]伊志宏,李颖,江轩宇.女性分析师关注与股价同步性[J].金融研究,2015(11):175-189.

[189]伊志宏,杨圣之,陈钦源.分析师能降低股价同步性吗——基于研究报告文本分析的实证研究[J].中国工业经济,2019(1):156-173.

[190]游家兴.R^2的复活——股价同步性研究评述与展望[J].管理科学学报,2017,20(3):63-79.

[191]游家兴,张俊生,江伟.制度建设、公司特质信息与股价波动的同步性——基于R^2研究的视角[J].经济学(季刊),2006(1):189-206.

[192]游家兴,江伟,李斌.中国上市公司透明度与股价波动同步性的实证分析[J].中大管理研究,2007,2(1):147-164.

[193]游家兴.市场信息效率的提高会改善资源配置效率吗?——基于R^2的研究视角[J].数量经济技术经济研究,2008(2):110-121.

[194]游家兴.谁反应过度,谁反应不足——投资者异质性与收益时间可预测性分析[J].金融研究,2008(4):161-173.

[195]游家兴,汪立琴.机构投资者、公司特质信息与股价波动同步性——基于R^2的研究视角[J].南方经济,2012(11):89-101.

[196]于忠泊,田高良,曾振.会计稳健性与股价信息含量:基于投资者保护视角的考察[C]//中国会计学会学术年会,2011.

［197］于雪彦.会计信息披露质量与噪声交易——基于股价信息含量视角的检验［J］.上海管理科学,2019,41(1):73-80.

［198］袁知柱,鞠晓峰.制度环境、公司治理与股价信息含量［J］.管理科学,2009(1):17-29.

［199］曾庆生.高管及其亲属买卖公司股票时"浑水摸鱼"了?——基于信息透明度对内部人交易信息含量的影响研究［J］.财经研究,2014(12):15-26.

［200］朱红军,何贤杰,陶林.中国的证券分析师能够提高资本市场的效率吗——基于股价同步性和股价信息含量的经验证据［J］.金融研究,2007(2):110-121.

［201］张军,刘波,沈华玉.股价同步性与股价崩盘风险——基于信息不对称和公司治理视角［J］.财经科学,2019(4):13-25.

［202］张永任,李晓渝.R^2 与股价中的信息含量度量［J］.管理科学学报,2010,13(5):82-90.

［203］张大永,刘倩,姬强.股票分析师的羊群行为对公司股价同步性的影响分析［J］.中国管理科学,2020,29(5):55-64.

［204］张耀辉,刘冰,卢爽,李金茹.信息交互过程中信息质量影响因素实验研究:基于用户体验与感知视角［J］.情报学报,2012(6):648-661.

［205］张秀秀.机构投资者持股与股价同步性实证分析［J］.合作经济与科技,2016(10):84-85.

［206］张程睿,徐嘉倩.中国上市公司信息披露制度变迁与股票市场有效性［J］.华南师范大学学报:社会科学版,2019(4):75-86.

［207］郑振龙,杨伟.基于修正的 PIN 模型的股票信息风险测度研究［J］.金融评论,2009(1):15-26.

［208］周冬华,魏灵慧.媒体报道、环境不确定性与股价同步性［J］.财务研究,2017(3):54-64.

［209］周林洁.公司治理、机构持股与股价同步性［J］.金融研究,2014(8):146-160.

［210］左浩苗,郑鸣,张翼.股票特质波动率与横截面收益:对中国股市"特质波动率之谜"的解释［J］.世界经济,2011(5):117-135.